50歳からの「脳のトリセツ」

定年後が楽しくなる！ 老いない習慣

PHP
Business Shinsho

Hideki Wada
和田　秀樹

PHPビジネス新書

はじめに

50歳ごろから、脳の老化が気になりはじめる方は多いでしょう。「若いころのように頭が働かない」と感じたり、もしかすると「将来、認知症になるかも……」と心配になっている方もいるかもしれません。

脳の衰《おとろ》えは中年期から始まるのは確かです（実はもっと前から始まっているのですが）。しかしどう衰えていくかは、皆さんのイメージとは少々違うだろうと思います。

中高年にはよく、老後に備えて「脳トレ」をしている方がいます。脳トレは、計算能力や言語能力を鍛《きた》えるものがほとんどです。しかし、衰えを防ぐべきポイントは、そこではありません。

計算能力をつかさどるのは脳の「頭頂葉《とうちょうよう》」という部位です。言語能力は「側頭葉《そくとうよう》」、視覚などの機能は「後頭葉《こうとうよう》」がつかさどります。しかしこれらよりもはるかに重要で、かつ衰えやすい部位があるのです。

それが「前頭葉《ぜんとうよう》」です。

脳の変化は、前頭葉の萎縮《いしゅく》から始まります。

前頭葉がつかさどっているのは、意欲と感情のコントロールです。意欲とは、何かをしようという意志、何かを変えようとする意志です。

意欲が低下すると、物事への関心が薄れ、自分で考えようとしなくなり、脳を使わなくなります。すると、計算能力や言語能力といった知能全般が衰えていきます。

脳は前頭葉から衰え、前頭葉が衰えると、脳全体が衰えるのです。

ですから、**「老いない脳」をつくりたいなら、前頭葉を鍛えることが何より重要**です。

つまり、高い意欲を持って、さまざまなことに関心を持ち、自分自身の頭で考えて発言したり、行動したりすることが、脳の老化を防ぐのです。
こうした生き方をすると、ボケないだけでなく、現役時代は仕事で成果を上げられますし、老後も楽しい人生を送ることができます。

ところが、日本の社会では、「前例踏襲」「みんなと同じ」「偉い人が言う通り」がよしとされています。前例やみんなが言っていること、「偉い人」が言っていることに疑問を持ち、自分で考えてユニークな発言をする意欲の高い人は、社会からはじかれてしまいます。

しかし、だからと言って「前例踏襲」「みんなと同じ」「偉い人が言う通り」にしていると、前頭葉の老化が進み、意欲が低下してしまいます。

読者の皆さんには、ぜひ、「前例踏襲」「みんなと同じ」「偉い人が言う通り」の人生から脱して、前頭葉を鍛えてほしいと思います。
前頭葉を鍛えることの効用には、計《はか》り知れないものがあります。

50歳前後は、1971～74年生まれの「第二次ベビーブーム」世代を筆頭に、人口のボリュームゾーンをなしています。この世代の方々の前頭葉が老化するか否かは、日本の将来を左右すると言っても過言ではないと私は思っています。

決して大袈裟《おおげさ》ではありません。前頭葉を衰えさせた社会が、いかに閉塞感《へいそくかん》に満ち、数々の危機を招き寄せるかについても、本書で大いに語りたいと思います。

一人ひとりの人生のために、この国のこれからのために、人生後半戦のスタート地点にいる皆さんが、個人として、社会人として、すばらしい未来を拓《ひら》いてくださることを願ってやみません。

50歳からの「脳のトリセツ」
定年後が楽しくなる!老いない習慣

目次

第1章

「前頭葉」が脳の老化のカギを握っている

第2章

日本の教育は前頭葉を老化させている

第3章

「言われた通り」をやっていると脳も会社もどんどん衰える

第4章 前頭葉の「感情コントロール力」の鍛え方

第5章

「前と同じ」「みんなと同じ」は、もうやめよう！

第6章 「毎日が実験」と思って生きよう

第1章

「前頭葉」が
脳の老化のカギを握っている

脳の老化は前頭葉から始まる

「はじめに」で述べたように、**脳は前頭葉から衰え、前頭葉が衰えると、脳全体が衰えます。**

脳の研究者の間では、かなり早い時点から、脳で最初に縮みはじめるのが前頭葉であること、それが40代ごろから始まることが知られていました。

その一方で、前頭葉の役割については、長らく解明されていませんでした。脳のなかでもっとも大きな部位であるにもかかわらず、20世紀に入っても未知の領域だったのです。

前頭葉の役割がわかったきっかけとなったと言えるのは、ロボトミー手術でした。

1930年代にE・モニスという神経科医が、統合失調症の治療法として、前頭葉の一部を切除する手術が有効だと提唱しました。これが、ロボトミー手術です。

ロボトミー手術は、画期的な治療法として一躍脚光を浴びました。たしかに、前頭葉の一部を切り取ると、統合失調症の興奮症状が鎮静化するのです。しかも、側頭葉や頭頂葉がつかさどる言語能力や計算能力、つまり「知能」には影響しません。まさに理想的な治療だと思われました。この功績により、モニスは1949年にノーベル生理学・医学賞を受賞するに至ります。

ところがその後、弊害が次々にわかりました。手術を受けた人たちが、意欲が極端に低下して終日ボンヤリとしてしまったり、感情の切り替えがきかず興奮状態が止まらなくなったりする症状を呈《てい》したのです。

一転、ロボトミー手術は禁忌《きんき》の手術となり、モニス自身も、恨《うら》みを抱いた患者から銃撃され、終生半身不随となりました。

悲惨な結末を迎えたロボトミー手術ですが、こうした経緯により、前頭葉の役割が意欲と感情のコントロールであることが、期せずしてわかったのです。それまでも、事故

図1　前頭葉の役割

などで前頭葉を損傷した人が同様の症状を呈する報告はありましたが、手術を受けた多くの人に似たような症状が現れたのです。

同じことしかしていないなら前頭葉の老化の兆し

では、前頭葉が衰えると、どうなるのか。

脳腫瘍《のうしゅよう》や脳出血、もしくは認知症によって前頭葉の機能が損《そこ》なわれた患者さんには、「保続」という症状が見られることがあります。簡単に言うと、同じことを繰り返す症状です。

たとえば、患者さんに「今日は何月何日ですか?」と聞き、それには正しく答えられたとします。だとすると、その日付を覚えているのですから記憶はおおむね正常です。知能もおそらく大丈夫でしょう。ところが、続いて「あなたの誕生日は何月何日ですか?」と聞くと、前の質問に対する答えと同じ、「今日の日付」を答えてしまうのです。

前頭葉機能検査の国際基準となっている「ウィスコンシン・カード・ソーティング・

テスト（WCST）」でも、保続についてのテストを行います。

この検査では、トランプのようなカードが使われます。カードには、赤・緑・黄・青の4色、星形・丸形・三角・十字型の4種類のマークが描かれていて、マークの数は1～4まであります。「色／形／数」という三つの軸で分類できるカードを、ある規則性を持って提示していき、「では、次は何が来ますか？」と推理してもらうテストです。

検査を行う側は、その規則性をときどき変えます。たとえば最初は「3、2、1、4」と数だけ変化させて3周繰り返しておいて、次は「赤・青・緑・黄」と色の変化に切り替えます。すると、保続が起こっている患者さんは、最初の「3、2、1、4」という規則性から離れられず、誤った答えをしてしまいます。最初の規則性をすぐに見抜けるのですから、やはり知能はおおむね正常のはずなのに。

前頭葉が衰えると、これほどではなくても、保続と似たようなことが起こります。

ご自身を振り返ってみてください。

最近、行きつけの店にしか行かなくなっていませんか？

同じ著者が書いた本ばかり読んでいませんか？
新しい環境や事物に対して、抵抗を覚えてはいないでしょうか？
これらの**「前例踏襲思考」こそが、真に警戒するべき老化の兆《きざ》し**です。

人の名前が思い出せなくても心配しなくていい

中年期の皆さんが「脳の老化」で一番気にすることと言えば、記憶力の低下でしょう。「人の名前が思い出せない」「前から買いたいものがあったのに、ネットのセールが始まってみると、それが思い出せない」などです。

そんなとき、「認知症の前触れか？」と焦る方もいるかもしれませんが、これは老化とはほとんど無関係で、心配すべきポイントではありません。

このタイプの物忘れは「想起障害」と言って、脳に書き込まれたデータが多すぎるがゆえに、スムーズに引き出せなくなっている状態です。**50代ともなれば、起こって当然の現象**とも言えます。これまでの人生経験も積み重なってきますし、仕事をバリバリこなしている人なら、書き込まれる情報量も膨大《ぼうだい》だからです。

想起障害の場合、引き出しにくくなっているだけで、記憶そのものはきちんと残っています。人間の脳の記憶容量は、皆さんが思うよりもはるかに膨大なのです。

たとえば、20年ぶりに訪れた町で、「そうそう、前もこの店に入った！」と思うことがあるでしょう。20年間ずっと忘れていたのに、その場所に行けば思い出せる。あとからどんなに新たな記憶が積み重なろうと、記憶は保存されているのです。

一方、心配すべき記憶障害もあります。「記銘力障害」です。新しいことが覚えられなくなる症状です。

原因は神経伝達物質「アセチルコリン」の減少、それによる海馬《かいば》の機能低下など。そのほか、うつ病がきっかけになることもあります。

認知症の方は、30分前にした話を忘れてまた最初から繰り返したり、食事を摂《と》ったのに「食べていない」と言い張ったりすることがあります。それは、脳に新しく情報を書き込む力が落ちているからです。

この症状が中年期から起こる人は、ごく少数です。しかし、前例踏襲傾向の強い人はやはり、警戒が必要です。前例踏襲もまた、新たな情報を脳に書き込めない兆候と言えるからです。

IT化に対応できなかったり、過去の成功体験にしがみついていたりするなら、黄信号です。仕事以外のことでも、**「変えたくない、今のままでいい」と思う人は、前頭葉の老化を進行させる危険がある**のです。

前頭葉が衰えると「会社のお荷物」にも

ちなみに、前頭葉が老化したからと言って、必ずしも幸福感が損なわれるわけではありません。前例踏襲をしていると一種の安定が得られるので、むしろ心が平穏になる面もあります。

しかしビジネスパーソンの方なら、仕事には多大なダメージがあります。何しろ意欲がなくなるのですから、**モチベーションが著《いちじる》しく低下してしまいます。**

また、ビジネスパーソンは例外なく、急激な産業構造の変化や技術革新の波にさらされている時代です。その波に乗っていけなければ、会社にとってお荷物となるのは目に見えています。

加えて、モノやサービスが売れにくくなっている時代でもあります。新規性のある企画を生み出す力は、企業にとっての命綱です。**前頭葉が衰えると発想力やクリエイティビティも低下する**ので、やはりお荷物となるでしょう。

ですから、前頭葉が縮みはじめる50歳ごろになれば、会社のお荷物にならないためにも、前頭葉を鍛える必要があります。

経験したことのないことに挑戦しよう

前頭葉は、経験したことのないことに向き合うときに働きます。

ルーティンワークや予想通りの出来事は、前頭葉をスルーして側頭葉や頭頂葉で情報処理されますが、未経験なこと、予想外のことは前頭葉で処理されます。前頭葉を鍛えるには、新しい経験を人生に多く取り込むのが一番なのです。

今50歳前後になっている方は、日本経済の過渡期に社会人生活をスタートさせています。新入社員となったタイミングは、バブル期から就職氷河期の初期。つまり、経済成長の残照が消え去る直前の時期です。言い換えると、**今の50歳前後は、ルーティン通りに頑張ることが出世に結びついた最後の世代**だということです。

バブル崩壊後も、多くの日本企業は「これまでしてきたことを繰り返せばいい」という考えにとらわれ続けました。そうした気風の会社に入った方には、「前と同じように」「先輩と同じように」「上司の言う通りに」という思考が刷り込まれたことでしょう。そして20代の後半くらいの時期に、今度は逆にアメリカ型に変えないといけないという強迫観念のもとにコンサルの言いなりになって、これまでのよかった点を考えることなく、改革に従わないといけなくなったのです。

これでは前頭葉は鍛えられません。

もしあなたがそうしたレールに乗って来たとしたら、一度立ち止まって、考えてみてください。

その思考のままでいることは、あなた自身のため、会社のためになるでしょうか。

明らかに、答えはＮＯでしょう。

今こそ、**自分で考え、これまでと違うことに挑戦するべき**ときです。それがあなたの前頭葉を鍛えることになり、会社に貢献することにもなります。

50歳からはマインドセットを変えよう

50歳前後の方々は、新社会人になった30年前と同じく、今も過渡期にいます。

それより上の世代は、「前と同じように」「偉い人の言う通りに」することで出世できた世代です。そうして順調に出世した人々は今、政界や学界や企業の上層で、既得権益《きとくけんえき》にしがみついています。

50歳前後は、その流れを変えられる世代です。さらに言えば、変えなければ大変なこ

図2　マインドセットを変えよう!

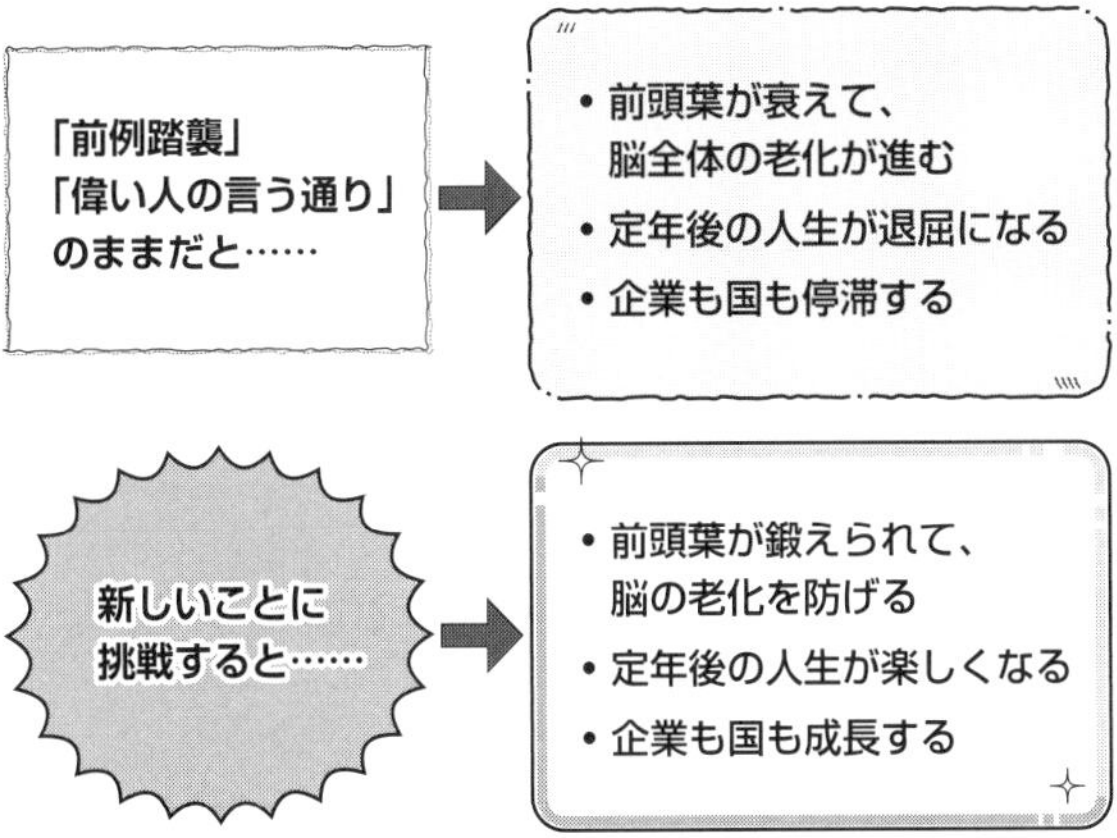
「前例踏襲」
「偉い人の言う通り」
のままだと……
・前頭葉が衰えて、
脳全体の老化が進む
・定年後の人生が退屈になる
・企業も国も停滞する
新しいことに
挑戦すると……
・前頭葉が鍛えられて、
脳の老化を防げる
・定年後の人生が楽しくなる
・企業も国も成長する

とになります。人口のボリュームゾーンをなしている50歳前後が、そろって前頭葉を衰えさせていくとなると、**日本の未来が危うくなる**と言っても過言ではありません。

国の将来のみならず、個々人の人生の充実度も損なわれます。

前頭葉が衰えても幸福度は損なわれないと先ほど述べましたが、度を超した「楽」は「退屈」になります。

日本人の寿命は昔より大幅に延び、定年後の人生が20年、30年と続くことも珍しくなくなりました。**その30年が「退**

屈」に塗りつぶされるとしたら、かなり苦痛な後半生です。老化が進んで認知症に突入すれば、さらに楽しむことが困難になるかもしれません。

そんな老年期を迎えたくないなら、今がチャンスです。50歳前後のうちに、生き方を変えましょう。つまり、前頭葉を働かせる人生に切り替えるのです。

人間は今日より明日、賢くなれる

では、マインドセットを変えることによって、前頭葉の老化を防ぐことはできるのでしょうか。

実は、脳という器官そのものについては、YESとは言い切れません。歳を重ねるにつれて前頭葉が縮む現象は、どんな人にもやはり発生します。

しかし興味深いことに、それは本人の言動の衰えとは、必ずしも一致しないのです。

ご高齢の方々の脳の写真を数多く見ていると、**前頭葉やそのほかの部位が縮んでいるにもかかわらずしっかりしている人もいれば、さほど縮んでいないのに頭が働かなくな**

っている人もいることがわかります。
これは何を意味するかと言うと、加齢によって多少縮んでも、「今ある脳」の使い方を変えれば、脳の若さを保てるということです。

人間はそもそも、脳を1割程度しか使っていないと考えられています。とりわけ前頭葉の使用はごくごくわずかです。全体が縮んだとしても、使う余地はふんだんに残されているのです。

ですから、50代のうちから「もう歳だ」などと思わないようにしましょう。脳の「余地」を開拓することで、人間は昨日より今日、今日より明日、賢くなれます。

前例踏襲に流れないこと。巷《ちまた》の常識を鵜《う》呑《の》みにしないこと。大多数の意見に賛同しないこと。物事に疑問を持つこと。「偉い人」に安易に従わないこと。異なる意見や価値観にも耳を傾けること……。できることはいくつもあります。

実は、皆さんは若いころから、さらに言えば生まれたときから、前頭葉を使う機会を得られずに来ました。それは皆さんのせいと言うより、**日本の社会構造の問題**です。

次章では、皆さんの「過去」にさかのぼり、皆さんの前頭葉がどのようにしてスポイルされてきたか、そして、そのハンデをどう覆《くつがえ》すかについてお話ししましょう。

第2章

日本の教育は前頭葉を老化させている

詰め込み教育は「悪」ではない

日本という国は、前頭葉の機能が低下しやすい社会構造を持っています。簡単に言うと、前頭葉を働かせて新しいことをしようとすると、前頭葉を使わない「前例踏襲」の人たちにはじかれるという構造です。

少し考えただけでも思い当たるはずです。大多数の意見とは逆のことを言う人は、しばしば「異分子」として白眼視《はくがんし》されます。人より目立ちすぎると、「出る杭《くい》」として打たれます。新しいアイデアを出しても、「前例がないから」と却下されることが多々あります。

そうした社会から、新規性のある面白いビジネスが生まれるのは難しく、日本の国際競争力は落ちるばかりです。

その諸悪の根源は、教育システムにあると私は考えています。**日本では、前頭葉を鍛える教育をまったくしていない**のです。

こう言うと、50代の方は「詰め込み教育」を連想されるかもしれません。この世代は人数が多く、受験戦争が熾烈《しれつ》だったので、10代のころの猛勉強がつらい思い出になっている人もいるでしょう。そして、大量の知識を一律にインプットする初等・中等教育こそが「悪者」だとみなしがちです。

しかし、それは違います。小中高校での詰め込み教育は悪ではなく、むしろ不可欠なものです。この段階で詰め込まなければ、語彙《ごい》も増えない、計算もできない、世の中のしくみにもまったく無知という状態で成人してしまいます。初等・中等教育において、必要な知識をひたすらインプットするのは、理にかなったことなのです。

「とはいえ、好奇心やクリエイティブな感性を伸ばすことも重要では？」と考えた方もいるでしょう。「個性重視の教育」を対置して「詰め込み教育」を批判する声も、よく耳にするところです。

では、その考えはどこから来たものでしょうか。「欧米の教育は個性重視だから」ではないかと思います。しかしここにもまた、大きな誤解があります。

たしかに、1960年代～80年代初頭までのアメリカやイギリスでは、個性を重んじ、好奇心を伸ばすことを優先した教育が行われていました。しかしその結果、深刻な学力低下が起こり、アメリカもイギリスも方針転換せざるを得なくなりました。

その際に手本にしたのが、日本の詰め込み教育です。1980年代の日本の隆盛の基盤は初等教育にあるとして、教育改革を行ってテコ入れをし、学力を回復させています。

つまり英米において、「詰め込み＝悪」という考えは時代遅れとなって久しいのです。ついでに言うと、その後、アメリカからは世界的なIT企業が、イギリスでもダイソンのような昔の日本を彷彿《ほうふつ》させる企業が生まれています。

「ゆとり教育」が失敗した理由

ところが日本は、アメリカやイギリスとは逆の道をたどりました。詰め込み教育に対して要《い》らぬ反省をし、「ゆとり教育」へとシフトしたのです。

これは、文部省（現・文部科学省）の中央教育審議会委員を務めた大学教授陣が、1960〜70年代のアメリカに留学していたことが影響しています。

彼らは、教育改革をする「前」のアメリカの教育を理想化し、帰国後、それに倣《なら》うことを目指しながら着々と出世しました。そして教授になると「ゆとり教育」の基本方針を答申。1990年代半ばにゆとり重視の学習指導要領が導入され、2002年から現場で施行されます。

そのころ、日本はすでに台湾や韓国に中学生の数学力で後れをとりはじめているということが調査結果で明らかになっていました。にもかかわらず、わざわざ学力を落とす改悪をしたことが、現在のIT分野での惨敗を招いていることは火を見るよりも明らかです。

アメリカが1980年代に捨てた方針を、21世紀になってから踏襲するという的外れな施策が、なぜ行われてしまったのでしょうか。それは、**教授たちの知識が留学時代から更新されていなかった**からです。

いやしくも教育のプロならば、帰国後も勉強を続けて、常に最新の知識を得ておくべきところです。しかし日本の学界には、教授になれば勉強しなくても地位を保てるという、悪しきシステムがあります。この既得権益に、権威を得た教授たちが何十年もしがみつき、決定権を握って離さないのです。

この「偉い方々」は、世界で高く評価された日本の初等・中等教育を捻《ね》じ曲げただけでなく、小学校～高校の教員資格に免許更新制も導入しました。大学教授の資格こそ更新制にしろと、声を大にして言いたい思いです。

教員免許の更新制は弊害があまりにも大きく、2022年に廃止になりました。そして、最新の知識が必要な大学教授たちの免許更新はいまだに実現していません。

日本が前頭葉の機能が低下しやすい社会構造を持っている元凶は、小中高校の詰め込み教育ではなく、大学教育にあります。

日本の大学教育の質の低さは世界ワーストレベルだと私は考えています。

大学は本来、それまでインプットした知識を使って、自ら思考を組み立て、アウトプ

ットする力を養う場です。諸外国での大学教育では、そこに力点が置かれます。だから、教授の言うことに逆らって議論できる学生が優秀とされます。対して、**日本のほとんどの大学で行われているのは、教授が教えた通りのことを試験で答えればよいという教育**です。どちらが前頭葉を鍛える教育であるかは、言うに及ばないでしょう。

欧米を形だけ真似た日本の大学入試面接

大学入試にも、根の深い問題があります。

日本ではここ数十年で、入試で面接をする大学が激増しました。「筆記試験だけでは測れない総合的な能力を見る」「社会に出て役に立つコミュニケーション能力を見る」という名目のもと、欧米の大学入試システムを見習っているのですが、それはあくまで「形だけ」です。海外と日本の入試面接には、本質的かつ致命的な相違があります。

ハーバード大学やオックスフォード大学で行われる面接の試験官は、教授ではありません。「アドミッションオフィス」という、学内の入試担当事務局の面接のプロのスタッフが面接官となり、合否を判定します。

アドミッションオフィスが高く評価するのは、「教授に逆らいそうな学生」です。**教授の語ることに異を唱え、議論を持ちかけるような学生を多く入れてこそ、学内に活発な議論が飛び交い、それが大学の発展および優秀な学生の輩出につながる、**と考えるのです。

日本はと言うと、その正反対です。面接するのは教授であり、教授が気に入った学生を入学させます。ここでも、彼らの大好物である既得権益が幅を利《き》かせています。

医学部など、その最たるものです。日本では82の大学医学部すべての入試で面接が行われていますが、それは要するに、教授回診の「大名行列」に喜んでついてきそうな学生の品定めの場でしかありません。

必然的に、合格者は均質的になり、多様性など望むべくもありません。海外の大学では多様性が進んでおり、性別・人種はもちろん、障がいのある人にも広く門戸を開いています。しかし日本の大学の医学部では、車いすの学生を見かけることなどほぼ皆無《かいむ》です。

図3　日本と欧米の大学入試面接は別物

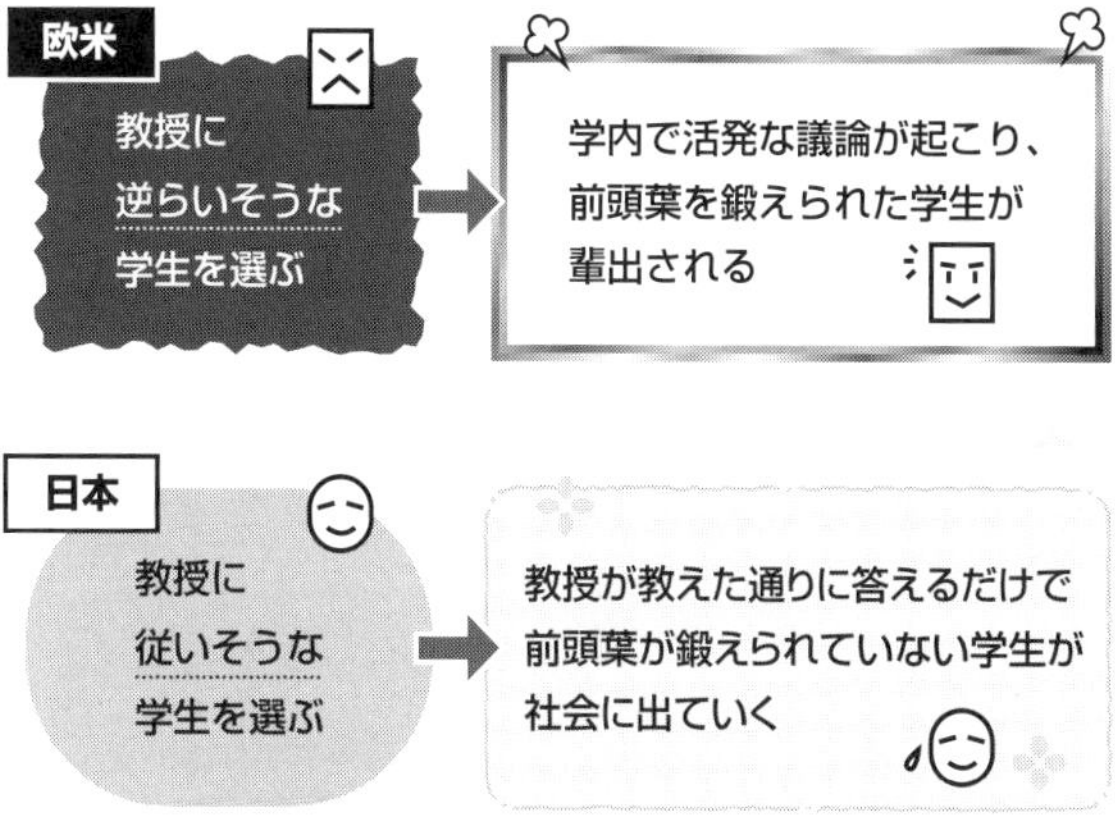
欧米
教授に
逆らいそうな
学生を選ぶ
学内で活発な議論が起こり、
前頭葉を鍛えられた学生が
輩出される
日本
教授に
従いそうな
学生を選ぶ
教授が教えた通りに答えるだけで
前頭葉が鍛えられていない学生が
社会に出ていく

東京医科大学など複数の大学の入試で、女性の合否ラインが不利な形で操作されていたことが問題になったのも、根本にあるのはやはり、こうしたシステムの歪《ゆが》みです。

学生たちは入学後、教授が教えた通りのことを試験で答えさえすれば好成績がもらえるので、前頭葉を使う機会がないまま卒業していきます。修士課程、博士課程に進んでもそれは変わりません。

大学教育がこのようなていたらくだから、日本の学問は進歩しないのです。

「日本にはノーベル賞受賞者が多数いる

ではないか」と反論される方もいますが、ノーベル賞は20〜30年前の研究に授与されるものですし、第一、受賞者のほとんどは海外の大学で学んだ人たちか企業内研究者です。

日本の大学で長年研究を続けた人々は、発想力やバイタリティ、視野の広さなどに難があり、社会に出たあと苦労するケースが少なくありません。企業が院卒の採用に消極的なのも、「人材としていま一つ」と判断している証《あかし》と言えるでしょう。

記述式の試験では天才がはじかれてしまう

大学入試に関しては、ほかにも問題があります。

結局中止されましたが、文科省は2021年から開始された大学入試共通テストへの記述式問題の導入を計画していました。センター試験を廃止し、共通テストに切り替える際の「目玉」という触れ込みでしたが、おびただしい数の解答を採点する人員の確保ができないなどの理由で頓挫《とんざ》したのです。

しかし私は、中止してよかったと考えています。

一般的に、マークシート式よりも記述式のほうが実力を深く測れるというイメージがあるようですが、実はそうではありません。

国語や英語ならともかく、数学の実力を記述式の解答で測るには、採点者に高度な数学力が必要です。そうでなければ、採点者が理解できない解答は間違いとされてしまいます。すると、本当にユニークな発想を持った受験者の得点が低くなります。つまり、天才がはじかれてしまうのです。

答えが合っていれば解答に至るまでのプロセスは問わないマークシート式のほうが、自由な発想の人を評価できます。

記述式が見送られたことは、ひとまず幸いでした。しかし、潜在的な問題は今も続いています。それは、大学入試制度をつくる人々の間に根深く浸透した「思い込み」です。

マークシート式よりも記述式のほうがより正しく能力を測れるという思い込みには、

採点する側が自分たちの「受験者の能力を見極める力」を過信していることが背景にあります。筆記試験だけでなく面接をしたほうがいいという考えも同様です。

海外を形だけ真似たところで、試験官を務める教授陣には、個々の受験生の思考力や探求心、物事に疑問を持つ力を見出す能力も意志もありません。

つまるところ、**試験をつくる側・採点する側の人間が、前頭葉を使えていない**のです。日本の大学教授こそがもっとも前頭葉を衰えさせている人たちだと言っても過言ではありません。

偉くなってしまえば論文を書かなくてよくなるという問題

大学教授がもっとも前頭葉が弱いなどと言うと、「いくら何でも言い過ぎでは」と言われそうですが、決して誇張ではありません。

一般社会のビジネスパーソンと比べると、違いは明らかです。どのような職種であれ、ビジネスパーソンは成果を求められます。しかし大学教授は、偉くなりさえすれば成果など必要なくなります。

論文の本数も、自分の研究室のメンバーが書いたものに名を連ねるだけでなんとかなります。まったく書かない教授も珍しくありません。論文の本数が少なかろうとクビの心配はないのですから、定年まで楽に過ごせます。

ちなみに、理化学研究所などの研究者は、発表した論文の本数が評価の対象になります。評価が低ければ、職を失うことにもなります。研究者にとってはハードですが、大学のようなぬるま湯とは大違いです。

なぜ大学では、こうした決まりが設けられていないのでしょうか。それは、ぬるま湯でいてほしい人たちがいるからです。

教授たちだけではありません。ぬるま湯を望む人は、大学の外側にも存在します。文科省や厚労省などの官僚たちです。

彼らは在任中や退官後に大学教授として再就職することをあてにしています。つまり、天下りです。官僚の天下りは国家公務員法で禁止されていますが、今も数々の抜け道があり、とりわけ大学は大きな受け皿となっています。「公募に応じて」という体裁をとりながら、実は前職の力にものを言わせて、論文を一本も書かずに教授に収まるわけです。

そんな彼らにとって、天下り先がハードな環境になるのはもっとも避けたいところ。将来の自分の首を絞めるような決まり事をつくるはずがないのです。

この思惑がある限り、大学のぬるま湯環境は変わらないでしょう。逆に言えば、大学への天下り規制が強化されれば、日本の研究環境も少しは向上するかもしれません。

研究者のやる気をなくす大学のシステム

もう一つ、研究を沈滞化させる要因として挙げられるのが、給与のしくみです。

日本の大学教授は、成果を出そうと出すまいと、大学から一定額の給与が支払われます。

他方、アメリカの大学教授の場合は、自力で稼いでくるシステムです。大学からもらう給与もありますが、日本に比べるときわめて低額です。ですから彼らは行政や企業に掛け合って、「グラント（研究費）」を集めます。

受け取ったグラントをどう使うかは教授の自由です。10のうち8を研究資金にして2割を報酬にしてもいいし、7：3でも6：4でも、好きに決められます。

グラントが集められるかどうかは、教授およびその研究室が結果を出しているか、もしくは有望であるかによって決まります。成果や実績、研究内容の持つ意義やポテンシャルなどを認めてもらえない限り資金は得られず、研究も続けられないし、生活も成り立ちません。研究者は自分の業績をもとに営業活動をし、研究室を運営していく「経営者」とも言えます。研究室にいい人材を集めるための努力も欠かせません。

対して、給与をもらっている日本の大学教授は「従業員」の立場ですが、業績にかかわらず給与が出るので、一般のビジネスパーソンよりも楽です。やる気のない人ほど嬉しい環境とも言えます。

逆に言えば、やる気のある人にとっては、恵まれた環境ではありません。と言うのも、研究の成果が報酬に直結しづらいシステムだからです。アメリカと違い、研究費は研究以外のことには使えません。研究の成果が出ても、それが商品化されてお金になるまで、報酬にはなりません。研究のほとんどは、お金を生み出すに至らなかったり、至ったとしても途方もない時間がかかりますから、やりがいにはいま一つ結びつきません。

もちろん、モチベーションの源はお金だけではありません。報酬など気にせず、意義ある研究や発見のために邁進《まいしん》するのも一つの姿勢です。ところが日本の学界は、研究の価値を正当に評価する意識も希薄なのです。iPS細胞のような「特大ホームラン」でもない限り、さほど注目されることもありません。そうしたなかで、もともとやる気のある研究者でも、徐々にやる気を失っていくのです。

学歴が「ある程度あてになってしまう」理由

大学教授の多くは、自分のアイデンティティのよりどころを「学者であること」よりも、「肩書」に置いています。その傾向は、「いい大学」の教授ほど顕著に見られます。「いい大学」以外の大学に属している研究者は、肩書がきらびやかではない分、研究テーマが重要になります。皆さんもきっと、名前を知らない大学の先生と話す機会があれば、「どんな研究をなさっているのですか?」と聞くでしょう。しかし東大教授が相手なら、肩書以外のことにはさほど興味を持たないのではないでしょうか。

そう考えると、日本の社会全体が、その人を評価するよりどころを肩書に置く傾向が強いと言えます。

学歴偏重もその一つです。学者に限らず、誰についても「どの大学を出ているか」によって大いに印象が左右されるのは、皆さんも日々実感するところでしょう。

偏差値の高い大学を出ていれば優秀、出ていなければダメ、と決めつけるのは偏見であり、早計な判断です。

しかし日本の場合、学歴は「ある程度あてになる」のもまた事実です。

なぜかと言うと、大学教育の質が悪いからです。教授の言う通りの答えを出させる教育はいずこも同じ、東大のような「いい大学」はとりわけそうです。

対して、入試はと言うと、大学のランクを如実《にょじつ》に反映した難易度になっています。やはり東大がもっとも難しく、深い理解と創意工夫のある学生が合格する内容です。あるいは、勉強のやり方を工夫した経験がある学生の割合も多くなります。しかしその後の教育がどの大学も一様に「教授の言う通り」であるため、入学時点での学力差は、入学後も卒業後もあまり逆転しません。

これが、学歴が「あてになってしまう」理由です。もちろん、東大入試に合格してから何十年も経った人が、東大入試に合格できる学力を維持していることはほとんどないのですが（脳科学者の中野信子さんによると1年目でダメになってしまうそうです）。


逆に言えば、学歴を逆転できた人は大したものです。**学歴が立派でなくとも社会で活躍している人は、前頭葉を使える、真の意味で優秀な人です。**

東大生でも同じことが言えます。親の言う通りに勉強し、いい高校に通い、塾の先生に教えられた通りの受験対策で合格した東大生は、卒業後も、上に従う、つまらない社会人になるでしょう。前頭葉も鍛えられません。

反対に、偏差値の低い学校に通っていたような「元劣等生」が、自らの工夫で学力を上げて東大に入ったのなら、きわめて優秀です（私のように、名門校の劣等生から逆転してもいいと思っていますが）。企業の採用担当者には、ぜひそういう人材を採るべし、と伝えたいところです。

かつては「上に逆らう学生」がいた時代があった

このように、日本の大学教育は前頭葉の機能を低下させるものになっているわけですが、日本の大学生も、いつの時代も「言われた通り」だったわけではありません。

今50代の方々が学生だったころは、従順な学生が多数を占めていたでしょう。教授に議論を吹っかけるような学生はごく少数だったはずです。

しかし1950～60年代の学生は、そうではありませんでした。学生運動が盛んだったこの時代、彼らは全力で大人と戦っていました。2019～20年に国際社会を注目させた香港の学生運動のような熱気が、日本にもかつて存在したのです。

それには、二つの理由が考えられます。

一つは、当時の学生に「自分たちのほうが上の世代よりも賢い」という意識があったことです。戦後の復興を経て、たいていの若者は親世代よりも高い学歴を持ち、教養も豊かになっていました。

もう一つの理由は、権力に反抗することが「かっこいい」とされたことです。「偉い人」に気に入られるような立ち回り方を心得ているほうがスマートとされる現代とは対照的です。

今は、権力にたてついたり政府批判をしたりする人は「サヨク」などとからかわれるか、敬遠されます。このように「左」が短絡的に揶揄《やゆ》の対象になることも現代日本に特有の妙な風潮なのですが、これについては第5章で詳述しましょう。

反骨精神が「かっこいい」ものでなくなった境目は、1972年の連合赤軍によるあさま山荘事件でしょう。このあと、学生運動は急激に力を失っていきました。

なお、医学部に関してはもう一つ背景があります。

医学部ではとりわけ学生運動が盛んだったため、それを憂慮した教授たちが入試に面接を導入し、逆らいそうな学生を事前にはじいてきたのです。

もちろん、本音を大っぴらにはしませんでした。マスコミには「いい医者になれるかどうか、人となりを見極める」といった建前《たてまえ》を述べ、丸め込みました。

しかし東大医学部にいた私には、その欺瞞《ぎまん》が手にとるようにわかります。学生が公開質問状を出した翌年に入試面接の導入を決めたのです。さらに言うと、それを指揮した東大教授は、別の大学の医学部長に定年前に異動したのですが、たった2年で破廉恥行為で更迭《こうてつ》されてしまいました。

ほかの医学部でも、面接する側の教授たちが「いい医者になれる人となり」など見極められるはずがありません。

全国の大学医学部の精神神経科では、患者さんと直《じか》に接するカウンセリングよりも生物学的な研究を重視する人たちが教授に選ばれます。教授会の多数決で選ぶからです。

そういう価値観の彼らが、対面のコミュニケーションで相手の何を理解できるでしょうか。結局のところ、見るポイントは「従順そうかどうか」に集約されていくのです。

「バカな質問」を軽蔑してはいけない

東大の医局に在籍していたころ、私はアメリカのカール・メニンガー精神医学校に留学しました。

学生の雰囲気は、東大とは大きく違いました。なかでも印象的なのは、「質問する」という行為へのハードルの低さです。

当時の私は英語が下手だったこともあり、宿題とされる英文の論文をみっちり熟読してから講義に出ていました。すると講義の内容は、すでに知っている情報が大半になります。内容も理解できて、とくに質問することもないので、黙って授業を受けていたところ、なんと非常に低い評価をつけられてしまいました。

私よりもいい成績をとっている周りの学生は、とにかく頻繁に質問します。それも、宿題をやっていればわかるようなレベルのことを平気で質問するのです。そんな彼らより私のほうが低成績とは、いささか不可解でした。

しかし、今はわかります。**アメリカでは、積極性や好奇心、議論に参加する姿勢を重要視します**。それはしばしば理解度よりも重きを置かれます。

日本では逆に、こうした場面では理解度優先です。質問するならば聞く意味のあることを聞くべし、という常識があります。

それは、たしかに理にかなっています。しかし、積極性の芽を摘みとる考え方でもあります。

大学に限らず、質疑応答の場面では、的外れなことを聞くと「バカだと思われるかもしれない」という不安がつきまといます。実際、うっかり間の抜けた質問をして、いたたまれない思いをした人もいるでしょう。

するといつしか、発言すべき場面で言葉を飲み込むクセがついてしまいます。「この質問はテーマと関係がないかも」「まとまりよく端的な言葉にできない」など、みんなが理由をつけて尻込みしていたら、議論の端緒《たんしょ》さえも開かれません。**疑問を抱いても飲み込んでばかりいたら、そのうち好奇心まで持てなくなってしまいます。**

留学先で見た「質問のハードルの低さ」は、長い目で見ると合理的なのでしょう。ダメな質問でもバカにしない・されない文化が根づいていることで、人は気軽に疑問を口にできます。それを端緒に、活発な議論の場が形成されていくのだろうと思います。

「そうだったのか！」と言う大人になっていないか

日本の大学には、前頭葉教育が決定的に欠けています。

高校までは詰め込み教育で知識の「インプット」をし、大学に入ったあとは「アウトプット」の力を磨くのが、本来の教育のあり方です。

アウトプットとはつまり、自ら思考し、既存の知識や学説に疑問を持ち、仮説を立てて検証し、それを発信し、世に役立てていく力です。

ところが日本の大学生は、アウトプットを鍛える機会をあまり与えられません。

それは、アウトプットの入り口である「疑問を持つ」機会を持てないということでもあります。既存の常識に対して、「本当にそうか？」「ほかの可能性も考えられないか？」と考える力が育たないのです。

そうした教育が何十年も続いているので、今の日本人はどの世代も、クリティカルな視点を持てなくなっています。成熟した大人になっても、権威的な立場の人物が発した言葉を鵜呑みにする人が大半です。


巷で人気のニュース解説者が、時事問題を解説する番組を見たことがあるでしょう。そのとき、あなたはテレビに向かってどのように反応しているでしょうか。

「へえ、そうだったのか！」と言っているようなら要注意です。

この反応を小学生や中学生が示すならともかく、大卒や院卒の人々までもが示すのは、あまりに批判的視点に欠けています。

図4　「言われた通り」に納得していないか?

「この人はこう言っているけど、本当だろうか？」「あえて言わずにいる情報はないだろうか？」「こんな側面もあるのでは？」「ちょっと決めつけが激しいのではないか？」といった反応をしてこそ、前頭葉を働かせていることになります。

日常生活でも、疑問を持つきっかけはそこら中にあふれています。

コロナ禍関連の話などは、その最たるものです。「もうマスクを外しても大丈夫なのでは？」「若い人は神経質に感染対策しなくていいのでは？」「自粛警察はかなり異常だった」「死亡率のわりに騒がれすぎではないか？」……などなど。

大学で得ることのできなかった力を、今から鍛えましょう。みんなが前頭葉を鍛えていない国だからこそ、50代からでも、もちろん60代からでも70代からでも、決して遅すぎることはありません。

第3章

「言われた通り」をやっていると脳も会社もどんどん衰える

社会に出ても「言われた通り」を続ける大人たち

前頭葉を使う教育がなされないまま大学を卒業した人たちが、そのまま就職して社会を営《いとな》んでいるのが、今の日本です。

既得権益を愛する年長者と、従順な年少者との密着——つまり「言われた通り」に動く人が出世する構図が、政界や学界はもちろん、企業のなかにもはびこっています。「偉い人」に逆らわないよう神経をとがらせたり、異論や提案があっても発言しなかったりと、多くの働き手が前頭葉を働かせない思考や行動に流れています。

言われた通りにしているだけでは、新しいアイデアをつくりだす機会がありません。「起業して成功するには」「新規事業を軌道に乗せるには」「停滞を打破するために新しい手法を考えよう」など、新しさや創造性を伴うことを考えれば、前頭葉は大いに働きます。しかし残念ながら、日本の組織ではこうした思考をめぐらせる人より、立ち回りの術《すべ》に秀《ひい》でた人のほうが出世しやすくなっています。それが、日本企業の苦境を招いた原因だと私は考えています。**イエスマンが集まる組織は、いずれ衰退するもの**だからです。

イエスマンを周りに侍《はべ》らせて悦《えつ》に入《い》る「偉い人」と、その人に従うイエスマンたちが、日々、互いの前頭葉を衰えさせながらビジネスチャンスを棒に振っている――この馬鹿げた構図を、そろそろやめにしなければなりません。

「逆らってくる部下」を疎んじてはいけない

そのカギを握っているのが50代です。多くの方が管理職として、周囲の人たちに影響を与えられる立場にいるでしょう。そこでの自分の思考や行動を変えることで、会社を変えていくことは十分に可能です。

手始めに、部下との接し方について見直してみましょう。

図5　逆らってくる部下の存在を喜ぼう

「上に逆らう」部下は、前頭葉を使っている。
その話を聞くことは、自分には思いつかない考えを学ぶことにもなるし、自分の前頭葉を鍛えることにもなる。

　あなたは部下たちにとって、意見を言いやすい上司でしょうか。もし、知らず知らずのうちに**周りがイエスマンばかりになっているとしたら、部下との関係に問題がある**と思われます。

　逆らってくる部下がいるなら、その人物を疎《うと》んじず、むしろその存在を喜びましょう。その人のなかには、組織を変える可能性が隠れているかもしれないからです。

　もちろん、逆らう部下の全員が全員、未来の名経営者だと言っているわけではありません。才能や実力も部下によってまちまちですし、必ずしも部下の意見が正しいと決まったわけでもありません。

しかし「自分とは異なる意見を言う」ことそのものに、価値を見出してほしいのです。

意見が異なっているということは、自分一人では考えつかなかったことを相手が言ってくれたということです。その時点でうまくいっていないことに対し、違う方策を提案してもらえたということです。ならば「その方法も試してみよう」と思う姿勢が大事です。

ちなみに、逆らってくる部下にも2種類あります。反対意見が「提案」になっている人と、批判や攻撃のみに終始する人です。代替案もなしに批判ばかりしたり、あらさがしに終始する部下ならば、聞く耳を持つ必要はあまりありません。

上司と相反《あいはん》する意見であっても、提案をできる人は前頭葉を使って生きています。そうした人と話すと、自分の前頭葉も刺激されます。積極的にチャンスを与え、本人のポテンシャルをさらに引き出しましょう。

「新しいことをする」とはトレンドに従うことではない

近年、企業は好んで「イノベーション」という言葉を使います。求人案内やホームページにはたいてい、「当社は常に新しいことに取り組んでいます」といったような決まり文句が並んでいます。

しかし実のところ、その新しさは、大勢《たいせい》に流されているだけであることがほとんどです。たとえば、皆さんの会社がDXを積極的に進めているとして、その理由は何でしょうか。巷でもてはやされているものに何となく飛びついただけではないでしょうか。

「新しいことをする」とは、トレンドに従うことではありません。「誰もしていないことをする」ことです。

私が思うに、日本人はもともと、新しいことをするのが不得手《ふえて》です。

日本が得意なのは、よその国が発明したものを取り入れて、改良して、さらにいい国産品をつくることです。

車や電気製品の製造はその好例ですが、現代に限った話ではありません。種子島《たねがしま》にポルトガルから鉄砲が伝来したときもそうです。それからわずか50年の間に、日本は世界最大の鉄砲保有国となりました。戦国時代のただなかとあって、武士がこぞって武器を必要とし、量産体制をつくり、性能も上げていきました。


基本となる型を与えられたら、日本人はそれをより便利に、丈夫にブラッシュアップできます。それはそれですばらしい長所です。しかし、型を与えられるまで何も起こせないというのは、やはり不利です。

「型」を外から与えられなくとも、日本発のものはつくれるはずです。

たとえば、日本は世界に先駆けて超高齢社会に突入しました。とすると、高齢者にかかわるデータや知見は、ほかの国より多く持っていることになります。また、世界で例を見ないほど高齢者がお金を持っています。つまり、売れるポテンシャルがあるということです。それを生かした商品やシステムやノウハウをつくって、あとから超高齢社会になった国に教えたり売ったりすれば、日本は大金持ちになれます。世の中の、それどころか世界の役に立てます。そういうアイデアこそが、真にイノベーティブなのではないでしょうか。

ところが現実を見ると、イノベーションを標榜《ひょうぼう》する会社からは、「DXがどうこう」という話ばかり。これもまた、アメリカや中国をはじめとするIT先進国の後追いに過ぎません。

思い込みが新しいことへの挑戦を妨げている

高齢者というテーマと「新しさ」を結びつけて考えているビジネスパーソンは少ないようです。

超高齢社会は日本のもっとも大きな課題であり、今後はシニアが最大の購買層となっていくのですから、無数のビジネスチャンスがあることは明らかです。

もちろんそこまでは、みんなわかっているのでしょう。しかしどの業界の人も、高齢者というターゲットのイメージが描けていない、昔から更新されていない、という印象を私は持っています。

そこには、「思い込み」という枷《かせ》がはまっています。

この思い込みはしばしば、新しいことをする際のリスクを過大に見積もるという失敗を招きます。

私が最近体験したことも、まさにそうした例です。

私の著書『70歳が老化の分かれ道』（詩想社新書）と『80歳の壁』（幻冬舎新書）は、ありがたいことに大ヒットとなりましたが、そこに至る前には紆余曲折《うよきょくせつ》がありました。

実はこの両書に限らず、私は高齢者向けの本を数多く書いています。日ごろご高齢の患者さんと多く接している経験から、「高齢者向けの本は売れる」という確信があったからです。

しかし、それらはヒットしませんでした。いずれもタイトルに「70代」「80代」といったワードが入っておらず、ターゲットがわかりづらかったのです。なぜ入れなかったかと言うと、出版社の方々が「そんなタイトルでは売れない」と判断したからです。

そんななか、バジリコという出版社だけは『六十代と七十代　心と体の整え方』というタイトルで出版してくださり、それが6万部のヒットになりました。これでようやく、出版社の皆さんの思い込みが解けました。

続いて、大手出版社から出した高齢者向けの本のタイトルに「60代」というワードを入れましたが、こちらはヒットせず。そこで、「70代」を大いに前面に打ち出そうという方針をとり、『70歳が老化の分かれ道』をヒットさせることができました。

それにしても、ずいぶん長くかかったものです。思い込みが招く「新しいこと」への尻込みは、見えないところで企業の足を引っ張っていると感じざるを得ません。

シニア向け事業の可能性に挑戦できない日本企業

『80歳の壁』は『70歳が老化の分かれ道』以上のヒットとなりましたが、その成功は二つのことを教えてくれました。

一つは、発売時点からアマゾンでも上位に入ったことで、70〜80代の方もECでの書籍の購入という「新しい消費のスタイル」に馴染んでいることがわかったことです。

もう一つは、ヒットした両書の内容から得た発見です。両書のテーマは単なる健康や医療といった「長生きのコツ」ではなく、「長く生きるならば元気に充実した人生を楽しもう」というものでした。そのメッセージが共感を呼んだのは、シニアが「高齢期にこそ人生を楽しみたい」と思っているからにほかなりません。

とすると、シニア向けの商品やサービスを提供している企業の方も、思い込みを取り外すべきではないでしょうか。

介護ビジネスや健康といった分野だけでなく、グルメ・旅行・エンタメといったところに、人口の29％を占める高齢者の市場を開拓できたら、この上ないビジネスチャンスとなるでしょう。

先見性のある会社はすでに着手しています。ジャパネットたかたは購買層が中高年以上の方々とあって、いちはやく豪華客船の旅「ジャパネットクルーズ」を企画、毎年好評を得ているようです。

旅行と言えば、星野リゾートもおそらく、高齢者を大きなターゲットとみなしているでしょう。私もしばしば宿泊しますが、客層の多くをシニアの方々が占めていることに気づきます。シニア向けと明確に打ち出してはいなくとも、辣腕《らつわん》社長の星野佳路《よしはる》氏がこの流れを意識していないはずはないと私は見ています。

しかしこれらのケースはごくわずかな例外。シニア向けで「新しいこと」をしている企業はきわめて少数です。


両書のヒット以来、私のもとには「当社でも高齢者向けの本を」という出版社からの依頼が降るように舞い込んでいます。しかしそれは「売れる」とわかっているがゆえなので、新しい挑戦とは言えません。

ここでもし、旅行業界やエンタメ業界から新サービスの企画や監修の依頼があれば喜んで受けるのですが、今のところ一つもありません。ＩＴやメディアなどの、先端的なはずの分野もしかりです。高齢者が楽しむための（高齢者を守るための、ではなく）デジタルツールやテレビ番組の企画がもっと出てきてもいいのではないでしょうか。

ものづくりやサービス業の方たちが前頭葉をフルに使って、優れたアイデアを創出してくれるのを心待ちにしています。

日本経済の停滞も「加工貿易国」という「思い込み」が原因

日本の国際競争力の低下が、長年問題となっています。もうこの言葉がすっかり耳に馴染んだという方も多いでしょう。

しかしそんなことに慣れるのは、きわめて異常な事態です。ほかの先進国や新興国を見渡してみて、日本だけが数十年にわたって成長していないことに、なぜ誰も疑問を抱かないのでしょうか。

成長しないどころか、今や円相場は1ドル150円近く（2022年10月20日現在）。急激に進んだ円安は、日本の価値がいよいよ急激に落ちてきたことの証です。

ここに至った主な理由は、これまで述べた通り、新しいことへの挑戦を怠《おこた》ってきたことです。

円は1995年に、一時1ドル80円を切るまでに高くなりました。

1ドル360円の時代が終わり、円高が進むなかで、日本企業は「円高でも売れるもの」をつくるべきでした。しかし、日本企業が実際にしたことは、中国や東南アジアなどに工場を移転するなど、徹底したコストカットによって安い製品をつくり続けることでした。

メルセデス・ベンツもポルシェも、ユーロがどれだけ高くなっても売れる車をつくっています。エルメスやシャネルもしかりです。ユーロ高のときに価格を下げるようなこともしません。海外のハイブランドが持つこうした強気さ、「高くても欲しい」と消費者が思うものをつくろうという気概が、日本企業には欠けていました。その気概を持つタイミングを逸した、とも言えます。

ひたすらコストカットに励んだ結果、日本経済は成長せず、一転して円安に振れても、そのメリットを生かすことができない体質になってしまったのだと思います。

これは、「加工貿易国」という意識から抜け出せなかったからでしょう。

私が子どもだった1960年代ごろ、日本は加工貿易国でした。安い人件費で大量にものをつくって海外に輸出する新興国です。最近までの中国や、今ならばベトナムなども加工貿易国にあたります。

加工貿易は、通貨が安いときほど盛んになります。逆に言うと、新興国から先進国になり、通貨の価値が上がれば、加工貿易国から卒業するタイミングです。高くても売れるものづくりへと、つくり手が意識を変えなくてはなりません。その発想転換をできた企業が、どれだけあったでしょうか。

大多数の企業が「良質で安いものづくり」に最大の力点を置き続けたことも、日本経済の停滞を招いた要因だと私は考えています。

かつて日本製品がアメリカで大量に売れたのは、加工貿易国だった日本が安い製品を輸出していたからです。

「日本製＝安い」というイメージは、私がアメリカに留学した1991～94年にはだいぶ変わってきていました。ソニーやホンダは高級品と見なされていたのです。

当時は、日本で家庭用のビデオカメラが発売された時期です。留学中の私は、周囲の購買傾向を丹念に観察していたのですが、日本の新製品の値段はまだ高いと思われていました。1000ドルまで下がらない限り、誰も買おうとしませんでした。そして、そこまで値段が下がると飛ぶように売れました。品質への信頼は世界最高水準でも、あこがれを持たれるようなイメージはつくれなかったから、大量生産で安くなるまで待とうと思われたのでしょう。

そのイメージをつくろうという意識が日本人に芽生えていなかったとも思われます。アメリカで売るために値下げをしたのですから。

その一方で、消費者としての日本人の意識には、「高くても欲しい」いう動機が、購買行動の一パターンとして確実に根づきました。特にバブル期までは、私たちの周りにもそうした商品がたくさんありました。

しかしそれらの高級品をイメージするとき、パッと思い浮かぶものは海外のブランドでしょう。腕時計やバッグなどの服飾品で、同じくらいの訴求力を持つ日本のブランドは思い当たりません。

服飾品だけではありません。ダイソンの掃除機も「高額な掃除機など誰も買わない」という巷の予想に反して大ヒットした商品です。日本の消費者にも「高くても欲しい」という気風が残っていたということです。ダイソンはイギリスの会社です。日本の電機メーカーになぜ同じことができなかったのか、歯がゆさを感じずにいられません。

「パナソニックのＥＶ」はなぜできなかったのか

たとえばパナソニックなら、ダイソンと同じものがつくれたはずです。

ついでに言うと、パナソニックは世界に先駆けてＥＶ（電気自動車）を量産できる会社だったと思います。電池がつくれて、モーターもつくれるのですから、技術はそろっています。

しかし現在、同社がしているのは、アメリカのEVメーカーであるテスラに電池を売ることです。世界に冠たるテスラのEVに装着できる電池をつくり、向こう数年でさらに増産するという情報を、同社や報道記事は明るいトーンで伝えています。しかし、それを喜んでいていいのでしょうか。「EVそのものをつくれたはずなのに」と悔しがるべきではないでしょうか。

未知の分野への参入とはいえ、社運を懸けるほどの危ない橋ではなかったでしょう。電池だけでなくモーターもつくっているのですから。また、家電量販店は車のディーラーより広い駐車場を持っているので、そこで売ることも可能だったはずです。もし10年前にパナソニックが「EVをつくる」と発表していれば、テスラのように時価総額も上がっていたでしょう。今は「期待」で会社の価値が上がります。初期投資にかかったお金を実売で取り返して、利益を出さなければ株価が上がらなかった時代よりも、恵まれた環境です。

と言ったところで、時すでに遅し。EV市場には今、老舗《しにせ》の自動車メーカーも参入してテスラを猛追中。中国の新興企業も目覚ましい勢いでシェアを伸ばしています。その中で、日本の自動車メーカーは軒並み苦戦しています。業界外からは、ようやくソニーが名乗りを上げたという状況です。

立ち上がりの遅さにおいて、日本は群を抜いています。世界最高レベルの技術力がありながら、生かせていないのです。

誰かがつくったイノベーティブなものについて「自分もつくれた」と言う日本人はよくいます。ＩＴの黎明《れいめい》期、技術系の人と話すたび、「自分でも検索エンジンはつくれた」という言葉をよく聞きました。「自分も同じコンセプトを考えた」と語った人もいましたが、考えついただけで行動には移さずじまいだったのでしょう。

どうやら日本人は、アイデアの創出力が足りないだけでなく、アイデアを実行に移すエネルギーも足りないようです。どちらも、前頭葉の弱さを如実に表しています。

「リーダーシップのあるのび太くん」を目指せ

これから世の中は、「先に実行した者勝ち」になると予測されます。

ＡＩやメタバースや３Ｄプリンタなどの先端技術のおかげで、アイデアは昔よりも簡単に具現化できるようになりました。少人数のベンチャー、あるいは個人レベルでも、頭のなかで描いたものを、すぐに実在するものとしてつくりだせるのですから、現代はチャンスにあふれた時代です。

問題は、アイデアを描けるかどうかです。スティーブ・ジョブズのように、「パソコンとカメラと音楽プレイヤーと電話が一体になっているといいな」と思えるかどうかです。

彼は、ある意味、のび太くんです。のび太くんがしたいことを実現させていった技術者は、ドラえもんのような存在。日本人はドラえもんになれる技術力を持っていますが、**今の時代、成功者となるのはドラえもんではなく、のび太くんのほうです。**

かつ、「リーダーシップのあるのび太くん」であれば最強です。

EQ（こころの知能指数）の概念の提唱者であるダニエル・ゴールマンは、著書『EQリーダーシップ』（日本経済新聞出版）のなかで、ビジネスで成功する人物が持っているリーダーシップのあり方を分析しています。そのなかに「ビジョン型」のリーダーシップも挙げられています。社員一丸《いちがん》となって向かえるような**「夢」を語れるリーダーが、これからの時代を牽引《けんいん》していく**でしょう。

皆さんも、子どものころにはきっとたくさんの「こんなことできたらいいな」という夢を持っていたでしょう。大人になった今も、日常生活の不便から大きな社会問題まで、大小さまざまな「〇〇だったらいいのに」を感じるでしょう。それをアイデアにつなげられないか、考えてみましょう。それが、前頭葉を鍛えることにもなります。

前述の通り、製作ツールが飛躍的に充実した今、一見不可能に思える夢でも意外に実現可能かもしれません。**どうすればできるかを考え、考えついたことを語り、周囲を巻き込みながら実行につなげていくリーダーシップを、ぜひ発揮していただきたい**ところです。

ためらわず、あきらめず、50歳から挑戦を

「自分にはそんなリーダーシップはない」と感じている人も、あきらめるのは早計です。「アイデア創出は苦手だ」と思い込んでいる方も同様です。

アイデアは、ゼロから生み出すものとは限りません。「これまでの勝ちパターン」を少し外してみるだけでも、十分に革新的です。**自分の懐《ふところ》を痛めず、会社のお金で試せるのは、会社員ならではのメリット**です。

もちろんそれはリスクも伴います。失敗すればペナルティを課される可能性もなきにしもあらず。とはいえ、よほどの失敗でない限り、クビにまではなりません（丸損してもクビにならない程度の予算で試す、という知恵も持っておきたいところです）。

周囲の賛同を得られず、孤独感を味わうかもしれません。それでも、使い古して陳腐化した勝ちパターンを繰り返すよりはるかに有意義です。

挑戦したことにより、一発逆転の大成功を収めることもあるかもしれません。レアケースかもしれませんが、自分がそのレアケースになる可能性は、「挑戦しない」という道さえ選ばなければ、ゼロではありません。

最初から大逆転を狙う必要はありません。**大切なのは、これまでのやり方に疑問を持つ姿勢**です。

身の回りに、慣例的に続いている意味不明な決まり事はないでしょうか。当たり前のように受け入れているけれど、考えてみたらおかしなことはないでしょうか。

それらを探すところから、前頭葉のトレーニングを始めましょう。

組織から離れた自分を意識しよう

本章では社会人・組織人としての前頭葉の使い方について語ってきましたが、もう一つ、大事な視点があります。50代という時期にこそ考えていただきたいのは、「組織人ではない自分」を意識することです。

この年齢になると、社内での立場が人によってかなり違います。出世コースを順調に歩んで重役になっている人、もうひと頑張りでなれる人もいれば、出世コースから降りている人や周囲から浮いている人もいます。

出世コースから降りた人なら、もう社内の「偉い人」に取り入る必要はありませんから、定年後の人生をいかに充実させるかを考えるのが得策です。再雇用や起業などのセカンドキャリアを考えるなら、とくに社外との関わりを意識したほうがいいでしょう。

たとえば、取引のある業者さん。関係性上、通常は業者に「優しくない」社員のほうが、会社には忠実ということになります。値切ったり納期を急がせたりするほうが、会社の得になるからです。とはいえ今のご時世、会社に尽くしたからといって、定年を伸ばしてもらえたり重役にしてもらえたりするわけでもありません。ならば業者といい関係を築いて人脈を太くし、セカンドキャリアに備えたほうが賢いでしょう。

図6 「組織人ではない自分」を意識しよう

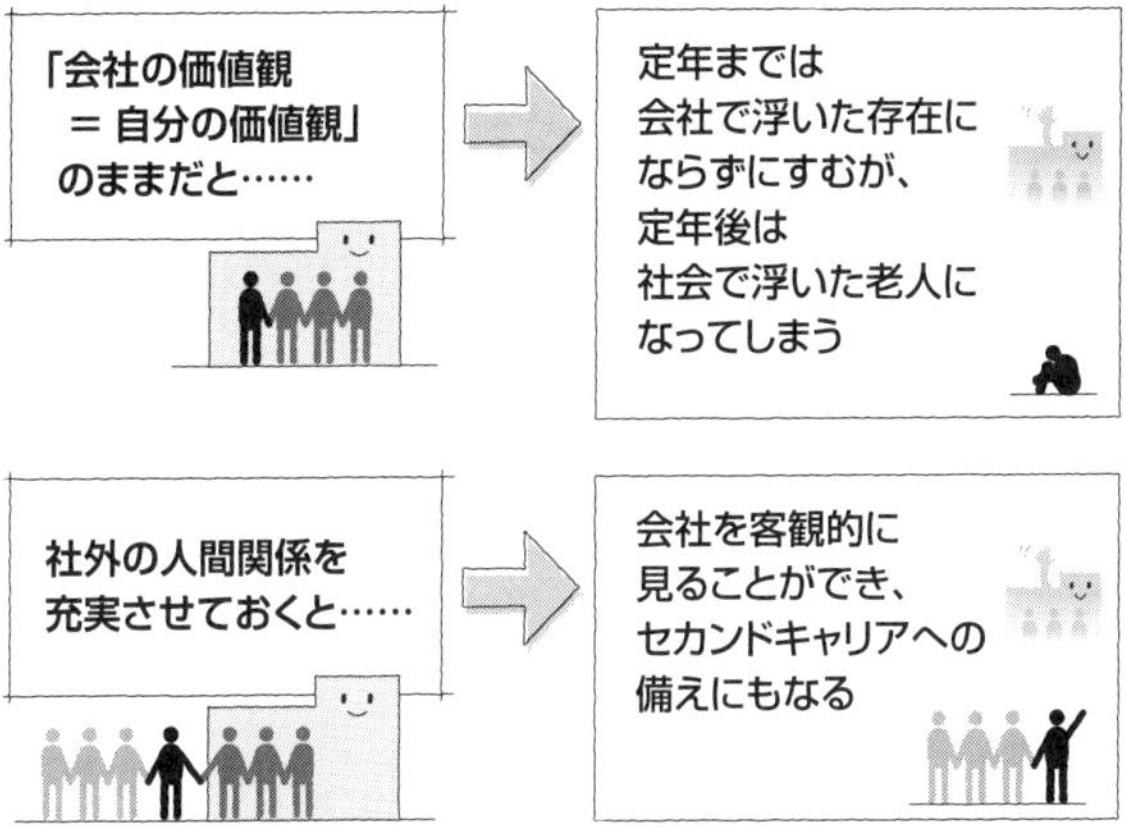

社外の人間関係を充実させると、会社を客観的に見る視点が備わります。社内の常識が社外の非常識、といった気づきも得られます。

日本の会社員で、中年以上の世代の人は、「会社の価値観＝自分の価値観」になりがちです。長時間労働が当たり前だった時代を通ったせいか、会社最優先でプライベートを後回しにしてきた人も多くいます。その調子で数十年過ごすと、会社の考え方や文化、会社でしか通じない言葉などに染まり、定年後に困ることにもなりかねません。

とすると、出世コースに乗っている人もそろそろ、会社員でなくなったときに備えたほうがよさそうです。

誰しもいつかは会社を離れ、個人となります。**社内で浮かないように努力してきた結果、一般社会で浮く老人になってしまった……などという失敗をしないよう、準備を始めましょう。**

会社の看板がなくなったときの自分は何者か？

「この会社の社員」ではない自分に何ができるか。何をしたいか。

50歳を過ぎたら、そのイメージを描いて、少しずつ具体化していきましょう。それにより会社員人生の終了後が大きく変わってきます。

会社員でいる間は、会社の看板や役職があれば、自分が何者であるかを証明できます。しかし定年後は、それらがすべてなくなります。**ただの個人となったときの自分に、「これだ」と言えるものはあるでしょうか。**

私は現在62歳ですが、同じ年ごろの医師たちが軒並み定年後に不安を抱き、焦燥感を募《つの》らせているのをひしひしと感じます。

同窓の人たちはほとんどが大学に残り、医局で出世を目指してきました。そのなかで東大医学部教授ともなれば、一番の勝ち組です。しかしそんな人でさえ、定年後の再就職先を見つけるのに苦労している模様です。開業するにしても、エリートコースを歩んできた人々ほど、クリニック運営に伴う細かな業務に抵抗を感じるようです。

私は幸運なことに、そうした不安とは無縁で過ごせています。30代でフリーの道を選んだときから、個人として生きてきたからです。60代になった今、改めていい選択をしたと思っています。

誤解しないでいただきたいのは、「何歳になっても働き続けるべし」と言っているわけではない、ということです。十分な資金があって、かつ歳をとってまで働きたくないと思っている方なら、働かないほうがいいに決まっています。

いずれを選ぶにせよ、それは楽しく面白く、退屈しない高齢期でなくてはなりません。

組織を離れた自分を意識することの真の目的は、会社の枠はもちろん、「仕事人」の枠をも外した、トータルな人生の充実を考えることです。

働く人、という縛りがなくなったとき、皆さんはどのような価値観のもとに、どう行動したいでしょうか。何を幸福と感じるでしょうか。

長いキャリアのなかで忘れていた、自分本来の志向を思い出しましょう。

第4章

前頭葉の「感情コントロール力」の鍛え方

感情コントロール力低下の二つの問題

前頭葉の機能が衰えると、感情コントロール力も低下します。

感情コントロール力が落ちることによって起こる問題は、二つあります。

一つ目は容易に想像がつくでしょう。感情をそのまま表出させてしまうということです。

たとえば、誰かから不当な扱いを受けて強い怒りを感じたとします。怒りの感情は、大脳辺縁系《へんえんけい》で発生し、「殴りたい」「怒鳴りたい」といった衝動を起こさせます。

ここで前頭葉がきちんと働いていれば、「殴ってはいけません。殴れば社会的立場を失います」といった警告を発します。そして、「それよりも、言葉できちんと抗議すればいいのでは」「ＳＮＳで問題提起をしては」などと、より生産的な対処法も考えられます。

前頭葉の機能が衰えていると、この抑えがきかなくなって、感情をそのまま出してしまうわけです。

ただし**コントロールとは、「感情をすべて抑え込む」ということではありません。**

たとえば私は一人で車に乗っているとき、前を行く車が赤信号に変わるまでまだ余裕があるのに停車したりすると、かなりの勢いで毒づきます。しかしそれは、あくまで独り言です。クラクションを鳴らして相手に非難の意を伝えたりはしません。こうしたラインが引けている限り、感情コントロールはできていると言えます。

逆に言うと、相手を直接攻撃するなら、コントロール力が働いていない証拠です。暴言を吐いたり、悪くすると手が出たり、というケースです。

近年、こうした言動は昔よりも表面化しやすくなっています。パワハラ訴訟やSNSでの音声データ拡散などによって社会から糾弾《きゅうだん》される危険は、皆さんも重々承知でしょう。いたずらに感情を暴発させないよう、日々気をつけているだろうと思います。

一方、二つ目の問題に関しては、本人が注意していない、そもそも自覚すらしていない傾向が見られます。

その問題とは、**感情によって判断が歪む**ことです。気分が浮かれているときには過剰に楽観的になったり、落ち込んでいれば過剰に悲観的になったりして、間違った行動や判断をしてしまう。これも感情コントロール力低下の表れです。

とりわけ昨今、よく見られるのが「嫌いな人間を全否定する」という歪みです。

たとえば、「プーチン大統領のすること、言うことは、すべて悪い」と考える人は、今の日本にもかなりいるでしょう。

しかし、プーチン大統領はいいところが一つもない、100%の悪人でしょうか?

嫌いな人にも何かしらいいところはあり、好きな人にもどこかしら欠点があります。

この当たり前のことがわからなくなっていたら、嫌いな人がいいことをしても黙殺する、好きな人が卑怯《ひきょう》なことをしても賛同する、といった間違いに陥《おちい》ります。

この歪みは、感情の暴発に比べれば自覚しづらいので、こうした間違いを犯していないか、こまめに自身を振り返ったほうがいいでしょう。

図7　感情コントロール力が低下すると……

「頭のいい人」は、いつも頭がいいわけではない

私は世の中に、「頭のいい人」と「バカな人」がいるわけではないと考えています。**どんなに頭のいい人でも、バカになってしまうときがあります。**

頭のいい人がバカになってしまった代表例が、これまでも述べてきた既得権益に群がる「偉い人」たちです。

こうした人たちは高い地位に上《のぼ》り詰めたあと、努力しなくなります。肩書を得ることが目的化し、肝心の仕事内容に対する関心が薄れるのです。時代の変化についていこうとせず、「自分は賢い」と思い込み、従前のやり方に固執するといった行動は、「知的怠《たい》惰《だ》」と呼ばれるものです。

この怠惰に流されると、周囲の言葉に耳を傾けなくなります。部下からいいアイデアが出ても、その可能性を見過ごしたり、握りつぶしたりします。頭のいい人の行動とは

とうてい思えませんが、「偉い人」ほど、こうした「バカ化」のリスクが高くなります。

頭のいい人がバカになる現象には、もう一種類あります。それが、感情のコントロールがきかなくなったときのことです。

元エリート官僚だった国会議員の方が、カッとなって秘書を罵倒《ばとう》した音声が公表され、大騒ぎになった一件がありました。留学経験もあるエリート官僚だったのですから頭のいい人なのでしょうが、あの金切声《かなきりごえ》を聞くと、とてもそうは思えません。

恋に狂ってスキャンダル写真を撮られたり、業績アップの圧力に耐えかねて粉飾決算をしたりするのも、このタイプの「バカ化」に飲み込まれた結果です。

この2種類の「バカ化」は、誰にでも起こる現象です。

しかし日本では「頭のいい人はずっと頭がいい」という認識が強いようです。

アメリカ人は、頭のいい人もバカになることを認識しています。会社経営をする人は、専属の精神科医を相談相手とし、定期的にカウンセリングを受けるのが常識です。

感情などに歪められた誤った判断をしないための、転ばぬ先の杖《つえ》です。

日本の経営者に、そうした予防策を講じている人はめったにいません。「自分がバカになる瞬間はない」と思っているのでしょうか。医師として、非常に危ういものを感じます。

どんなときに感情が乱れやすいかを知っておこう

「バカになる」現象は、人間ならば全員に起こります。しかし、その自覚を持って気をつければ、人は賢いままでいられます。

そこで必要となるのが、自分がバカになってしまうのはどんなときか、いつ、どんな場面で感情が乱れやすいかを知っておくことです。

人間全般が、どんなときに「バカになる」かを知ることもきわめて有意義です。国民性や県民性、「この会社では」「うちの家族は」といった自分の属する社会の傾向もつかんでおくとさらにいいでしょう。

つまり、**生きていくなかでしてしまいがちな「失敗」について、詳しく知ることが大事**なのです。

工場や建築現場などでは、事故に結びつきそうな危うい場面を「ヒヤリ・ハット事例」として共有し、ミスの起こりやすいポイントに掲示するなどして注意喚起を行います。「バカになる瞬間」対策としても、これをすればいいのです。

私がこの手の話をすると、「自分が失敗する可能性なんてイメージしたくない」という反応がよくあります。

私がこれまで数多く書いてきた受験勉強の本のなかでも、ミス対策のために受験生がしがちな失敗をいくつも挙げている本は、受験生が買いたい本ではなかったようです。

しかし、点数を上げるための勉強をいくらしても、ミスのために不合格となる生徒が毎年おびただしい数に上っているのが事実です。問題を解く力を磨くだけでなく、ミスを防ぐ「守り」も固めておかないからそうなるのです。スポーツでオフェンスばかり強化して、ディフェンス力はまったく鍛えないようなものです。

スポーツの世界では、体づくりの方法も、勝つための練習法も、どんどん合理的になっています。「うさぎ跳びでグラウンド10周」の類《たぐい》の根性論はもはや遠い過去のものです。ところが勉強では、いまだに根性論が幅を利かせているのだから不可解です。

勉強にしろ、「バカになる瞬間」対策にしろ、**「自分は失敗しうる」という、当たり前の前提に立つことが重要**です。

なのに、なぜ抵抗を覚えるのか。そこには、日本人特有の感情の傾向があるように思えます。

日本人がコントロールすべきは「怒り」より「不安」

皆さんが、どんな感情をコントロールしたいかと聞かれて、おそらく最初に思いつくのは「怒り」だと思います。

現在、感情コントロールをテーマにした書籍のなかで売れ筋となっているのは、「アンガーマネジメント」系の本です。怒りを鎮《しず》めるノウハウに対して、高いニーズがあるのです。

たしかに、アンガーマネジメントは大事なスキルであり、心得ておくに越したことはないでしょう。

しかし、日本人が本当に気にすべきポイントはそこではない、と私は思っています。

アンガーマネジメントの発祥地はアメリカです。こうしたトレーニングが生まれるだけあって、彼らが怒りに駆られたときの激しさは、日本人の比ではありません。日本人は彼らよりずっと穏やかですから、怒りを抑えることにそこまで懸命にならなくていいのです。というより、むしろ「怒るべきときに怒れない」のが今の日本人です。

現在の政治に対する、日本人の「怒らなさ」は驚異的です。

30年にわたって国力が落ち続けても、格差が広がり続けても、旧世代が利権に群がっていても、公文書が改竄《かいざん》されても、非難の声が大きな潮流となることはありません。

政治家の疑惑も、いつしかうやむやにされます。「とことん追及しよう」などと言う人は、「いつまで怒ってるの?」という目で見られます。

ほかの国ならばとっくに政権がひっくり返っているような事態を、日本人は何年も、許し続けているのです。

そんな人々がアンガーマネジメントの本を買って、「6秒数える」「深呼吸する」などの怒りの抑え方を学ぼうとするのはいささか妙です。日本人は全体的に、自分たちの感情の持ち方について、自己認識を誤っているのではないでしょうか。

不安が日本人の判断を歪ませている

大半の日本人がコントロールできていない感情は、怒りではありません。**怒りよりもはるかに、日本人の判断を歪めているのは、不安の感情**です。

たとえば、「集団からはじかれるかもしれない」という不安から、言いたいことを言わず、そのうち自分がどういう価値観を持っているのかさえ見失っていく人たちがいます。

上司ににらまれたら怖いからどんな指示にも従う、という人もいます。世間からの糾弾を恐れて後ろ暗い事実を隠蔽《いんぺい》する、証拠となる書類をシュレッダーにかけるなどの犯罪行為に走ることもあります。

それが明るみに出れば、その人の将来は閉ざされてしまいます。**過剰な不安は、怒りに任せた暴言以上に、社会的生命が絶たれるレベルの深刻な結果を引き起こします。**そして日本では、怒りのせいで破滅する人より、不安のせいで破滅する人のほうが多いのです。

不安によって、犯罪被害者になることもあります。その典型例が「振り込め詐欺」です。加害者たちは、ターゲットを不安にさせることで、金銭を巻き上げます。日本人の心理や行動の特性を利用した犯罪手法と言えるでしょう。

また、不安に飲まれると、変化に対して過剰に臆病になります。

多くの国民が自民党に票を入れ続けるのも、「変わることが怖い」という心理が少なからず働いていると思われます。「このまま一党独裁体制的な国になっていくほうが怖いのでは」という「常識」が通用しなくなっているのも、不安が大きすぎてまっとうな判断ができなくなったからでしょう。

不安は、日本の外交にも影を落としています。

アメリカに嫌われることを盲目的に恐れる日本は、慢性的に独立した外交ができなくなっています。米軍基地に関してもまともに交渉すらしようとせず、沖縄では民家の上空を戦闘機が飛び、ときに事故を起こして民間人が犠牲になり、横田空域では日本の航空機が自由に飛ぶことが許されないまま、70余年が経っています。

がん検診でパニックになる人の誤った選択

不安という感情そのものは、悪いものではありません。不安は本来、この先に起こりうる悪い事態を回避するためのものです。

前頭葉が働いていれば、リスクを予測し、回避策を考えることができます。

どのくらいの確率で、どのような事態が起こるか。何をすれば回避できるか。できなければどうリカバーするか。それでも無理ならプランB、プランCで対応を……というように、前頭葉が働けば働くほど、多様な対策を用意できます。

ところが、日本人の不安は、対策までたどり着かないことが多いのです。コントロールが働かず、怖いという感情だけが先走る、つまりパニックになるのです。

不安をコントロールできていれば「これもできる。こういうやり方もある」と複数の対策を考えられますが、パニックになっているときは、一つの答えしか出せません。たとえば、「もうダメだ」と悲観的になる。あるいは、「あいつが悪いのだ」と誰かへの恨みに転嫁する。はたまた「考えたくない」と目を背《そむ》けてしまうこともあります。

がん検診の結果に翻弄《ほんろう》される人などはその好例です。

がん検診の目的は、「早期発見」にあります。進行する前に見つけて、すぐ治療して、命を守るためのものです。

図8　前頭葉を働かせると、リスク回避策を考えられる

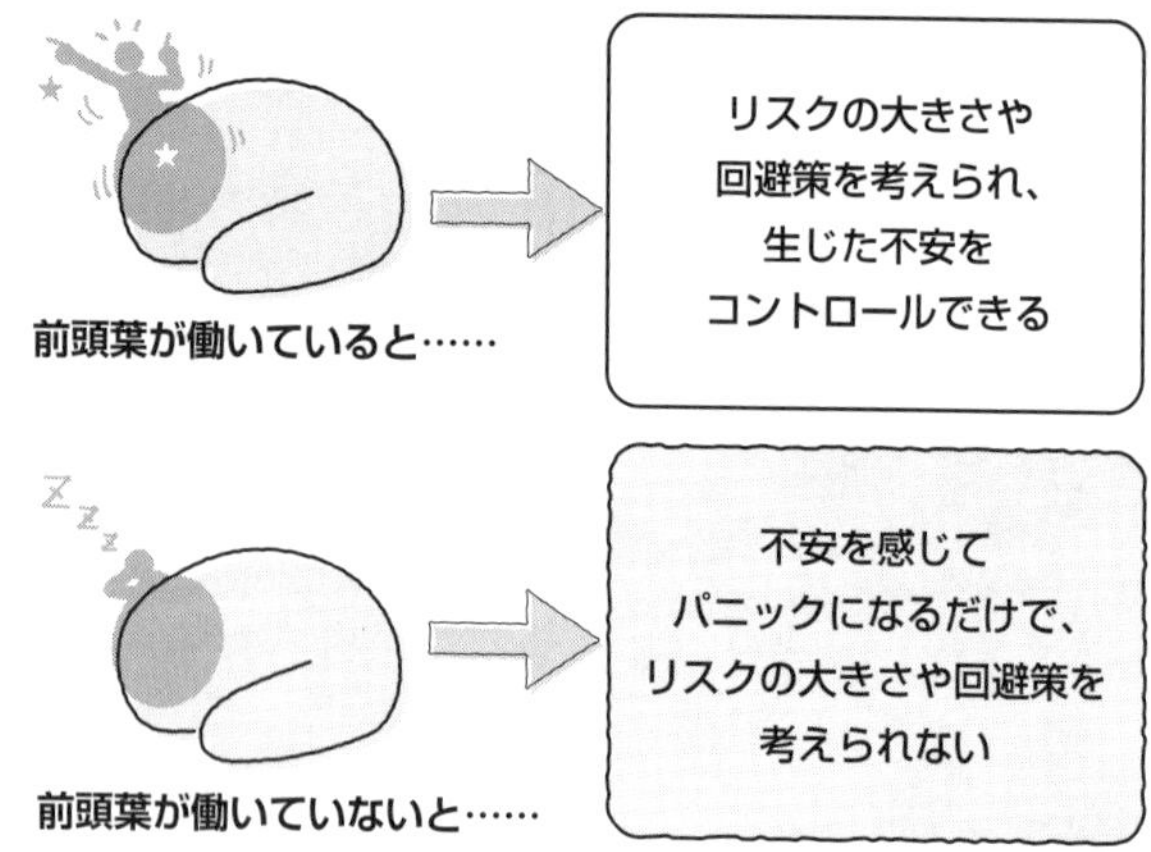
前頭葉が働いていると……
リスクの大きさや
回避策を考えられ、
生じた不安を
コントロールできる
前頭葉が働いていないと……
不安を感じて
パニックになるだけで、
リスクの大きさや回避策を
考えられない

ところが、早く見つけるためにではなく、「がんの不安を払拭《ふっしょく》するために」受診する人が少なからずいるのです。このタイプの人は、がんではないことを確かめたいという一心なので、がんが見つかるとパニックになります。

ここでの適切な対応は、いい病院を見つけて、きちんと治療を受けることです。さらにいいのは、どこの病院が自分に合っているかといった情報を検診の前に調べておくことです。

そうした備えをしていないと、さらに間違った判断に陥りがちです。よく考えもせずに、目についた病院を治療先に選んで、

意に沿わない治療方針で心身ともに疲弊する、というのが典型的なパターンです。不安と向き合うか、不安に飲まれるかで、結末は天と地ほども変わるのです。

怖がりながらソリューションを考えない矛盾

不安との適切な向き合い方は、**不安があるからこそソリューションを考える**ことです。

回避策があれば予防でき、解決策があれば、不安が的中しても対応できます。ところが日本人は、怖がっている割には、いや、怖がりすぎているからか、ソリューションを考えられないでいます。予防策まではなんとか考えられても、事が起きたときの対応策となると、いよいよ忌避《きひ》する傾向が強まります。

たとえば、認知症になることを怖がって、脳トレに励む方は多くいます。つまり予防策らしきことはしているわけです。しかし、実際に認知症になったときの対応まで考えている人はめったにいません。

脳トレをしても、認知症になるときはなります。不安を抱いたのなら、最悪の事態まで視野に入れてソリューションを考えるべきです。

介護を誰に頼むか。どの病院に通うか。どのような公的サービスを受けられるか。どの程度の費用がかかるのか。どんな施設があるのか。どの段階で施設を検討するか。そして最終的にどの施設を選ぶのか。

これらのことを考え、複数の選択肢を用意したうえで、最善と思われる方向性を定めておけば、いざというときのダメージは最小限に抑えられます。

「そんなことまで考えたくない」という気持ちが湧いてくるとしたら、それだけ怯《おび》えが強いということです。

ネガティブな未来を予測することへの忌避は、個人に限らず、企業や公的機関など、組織単位でも起こります。ときには、組織のほうが極端な対応をしています。

たとえば学校ではよく「いじめゼロを目指す」といった目標が掲げられます。しかしこの目標は現実的ではありません。集団のあるところ、いじめは起こりえます。

しかし不安に駆られているから、「起こる前提」に立てず、したがって対応策は考えず、そのかわりに「ニックネームはいじめのきっかけになるから禁止」などといった、極端で的外れな予防策を掲げてしまうのです。

それよりも、いじめが起きたときにどうするかを子どもに教えておく。つまり、スクールカウンセラーの使い方とか、いじめられたら休んでも評価が下がらないとか、保健室登校という手もあるということなどを教えておけば、心の後遺症も自殺もかなりの確率で防げるはずです。

そんなことは起きない、起きると思いたくない、という過剰な怯えがいかに悲惨な結果を招くか、日本人はそろそろ気づいていいころです。

日本人は不安耐性が弱い

2020年から始まったコロナ禍は、日本人の不安耐性の弱さを浮き彫りにしました。

発生直後には、マスクやトイレットペーパー、消毒用アルコールの買い占めがありました。そのあとは「自粛警察」が飲食店やパチンコ店の周りに出没しました。

そうした狂騒ぶりはさすがに収まった感があるものの、現在も続いてるのは、ほぼ全員がマスクを着けたままという、不気味な光景です。


あまり知られていませんが、マスクをすることにはデメリットも多々あります。

口を覆ったまま呼吸すると、自分の呼気を吸いなおすため、吸気に含まれる酸素が少なく、二酸化炭素が多くなります。すると血中の二酸化炭素濃度が上がり、頭痛や、思考力・記憶力の低下、そして免疫力の低下という事態も起こります。ほかにも、自律神経系の不調、体温調節機能の低下、水分不足などなど、弊害を挙げるときりがありません。

そういうわけで、私は基本的にはマスクを着けないようにしています。ところがそのせいで、タクシーの運転手との間でちょっとしたトラブルになったことがあります。

乗車時に「マスクなしの人は乗せない」と言うので、仕方なくマスクを着けて乗ると、今度は「鼻が出ている」といって怒りだしました。

「基礎疾患があるからコロナがうつったら死ぬ」と彼は言い募るのですが、それはいったいどれくらいの確率でしょうか。タクシーの運転手という彼の仕事は交通事故で死ぬ可能性が常にありますが、それは怖くはないのでしょうか。

死なないにせよ、これからもそんな調子で客を乗車拒否していたら、売上が少なくなったり、クビにされたり、生活に困ったりするかもしれません。とくにマスク規制が緩和されてからはそうでしょう。その可能性は心配しなくていいのでしょうか。

生きている限り、人が危険な目に遭う確率はゼロにはなりません。死ぬ確率に至っては100%です。

ありとあらゆる危険のなかの、小さな一つだけを異様に拡大しているのが今の日本です。新型コロナは、不安から来る認知の歪みと、恐れから来る人の攻撃性を、まざまざと見せてくれます。

高齢者は本当に運転免許を返納すべきか

新型コロナはさまざまなリスクのなかの小さな一つと言いましたが、これは決して、過小評価ではありません。

新型コロナに不安を抱いている方は、コロナによる死亡者数を、ほかの死因による死亡者数と見比べたことがあるでしょうか。

インフルエンザで亡くなる方は、関連死を含めると毎年年間約1万人もいます。にもかかわらず、恐れの度合いは新型コロナに比べるときわめてわずかです。

ちなみに、浴室で亡くなられる方は年間約2万人です。数字と不安の強さが、まったく比例していないことがわかるでしょう。

このように**数字で比べてみると、今感じている不安が、実際にどれだけ怖がるに値《あたい》するものなのかがわかってきます。**

高齢ドライバーの問題にも、同じことが言えます。

高齢者による交通事故の報道が、しばしば世間を騒がせています。読者のなかにも、「うちの親は運転を続けていて大丈夫だろうか？」と不安になっている方がいるかもしれません。

事故を防ぐため、高齢者の運転免許返納が盛んに呼びかけられていますが、免許返納の結果、高齢者の外出が制限され、要介護となる方が劇的に増えると言われています。となれば、国は介護のための予算を大幅に増やさなくてはなりません。

高齢者が起こす交通死亡事故は、マスコミに取り上げられやすいため、数がとても多いようなイメージを持たれていますが、２０２１年のデータでは、75歳以上の運転免許保有者10万人当たりの死亡事故件数は５・７件（警察庁による）。つまり、確率は０・００５７％です。もちろん、他の年代の人もゼロではありません。

一方、筑波大学の市川政雄教授らが65歳以上の高齢者を6年間追跡した研究によると、車の運転をやめた場合、要介護認定率は１０００人年当たり１１８・６。つまり、年11・８６％。運転を続けた場合は１０００人年当たり37・6。つまり、年３・７６％

だということです。運転をやめると8・1%も増えるのです。

0・0057%と8・1%。両者を検討したうえでなお、免許返納を勧めるでしょうか。それでも免許返納を勧めるならば、それも一つの判断です。しかし、確率を比較しないでただ不安に駆られているだけなら、まずは数字を見るべきです。

メディアが報道するのは「低確率なこと」

親に免許返納を勧めたいと考えるのは、おそらくテレビやネットの報道がきっかけだと思います。しかし、ここにも判断の歪みが起こりやすいポイントがあります。

「犬が人間を噛んでもニュースにならないが、人間が犬を噛むとニュースになる」ということわざがあります。

メディアは原則的に、珍しい事柄＝「低確率なこと」を話題にするものです。テレビにはとくに、その傾向があります。高齢者の死亡事故しかり、通り魔殺人しかり。

しかし多くの人は、それを低確率とは捉えません。事故や通り魔や誘拐などで子どもが犠牲になる事件があると、親たちは「うちの子を外に出していいのか」と心配になるし、学校も一定期間、親同伴で登校させたり、集団登校制にしたりします。

このように、**メディアで騒がれている問題を、即、「自分にも起こるかも」と思うのは、間違った情報処理**です。報道番組で取り上げられる話題は、むしろ「まず起こらない」という認識で見るのが正解なのです。

「メディアが煽《あお》るからいけないのだ」という意見もあるでしょう。それも間違いではないのですが、それ以前の問題です。メディアがインパクトを狙って煽情的《せんじょうてき》に報道するのは、そういう仕事だからであり、当たり前のことです。受け取る側の我々がその前提に立ち、頭のなかで低確率なことだと認識することが必要。それがメディアリテラシーというものです。

もちろん、確率はゼロではありません。ゼロでない以上は対策しておきたいという考え方もありますし、対策を立てるに越したことはないでしょう。

しかし全部に備えていたら身動きがとれなくなります。たとえば、交通事故で死ぬ可能性は誰にでもあります。年間約3000人が亡くなるということは、日本の人口を約1億人とすれば、確率は0・003％ほど。だからといって「外に出ない」というわけにはいきません。

原発事故のように、起こりうる被害がきわめて甚大《じんだい》な場合は、あらゆる可能性を想定して備えるべきです。しかし個人の生活において、わずかな確率の危険にいちいち心惑わされるのはナンセンスです。

気にするなら、**メディアの報道よりも、むしろ「身の回りでよく聞く話」のほうに着目するべき**です。

皆さんの周りで、新型コロナで死亡した人の話と、新型コロナによる自粛生活の間に「うつになった」「親が歩けなくなった」という人の話の、どちらをよく耳にするでしょうか。きっと後者だと思います。世のコロナ不安は、感染にばかり気をとられながら、かえって別の危険を招いていることにも気づけるでしょう。

過剰な不安の裏の「過剰な能天気」

過剰な不安の例を紹介してきましたが、それと表裏をなすかのように、日本人には心配すべきことを心配しない面もあります。

マスクを着けることのデメリットや、高齢者が要介護となるリスクがコロナ自粛や運転免許返納で増大すること、コロナ自粛によってうつが増えることを心配している人は、ゼロではないにしろ、あまり見かけません。つまり、不安の配分がおかしいのです。

この傾向は、国際関係についても見られます。単純で極端な見方、たとえば「ロシア＝悪」といった見方に流れている人が多い一方で、欧米とぴったり歩調を合わせてロシアとの関係を極端に悪化させることのリスクに対しては、不自然な「能天気ぶり」を見せているのが気になります。

北朝鮮に関しても同様です。ほとんどの日本人は、「金正恩総書記＝悪」とみなしているでしょう。たしかに、彼は危険きわまりない独裁者です。しかしそれは、北朝鮮という国全体、そこに暮らす人たち全員が悪だ、ということにはならないはずです。北朝鮮が飢饉に見舞われた際、日本が彼らに食糧援助をしないのも、よくないでしょう。人道的な意味でもそうですが、外交上のリスク対策としても間違っていると思うのです。

この先、北朝鮮が韓国と統一して安定した国家になったとします。そのとき彼らは、南北そろって「あのとき助けてくれなかった」ことの恨みを爆発させるかもしれません。植民地支配の件を今も怒り続けている彼らに、さらに恨みの材料を与えていいのでしょうか。

「南北統一などありえない」「韓国はアメリカ側だから北朝鮮とは今後も相容《あいい》れない」と思うとしたら、それもいささか能天気です。国同士の関係は、随時変わるものです。韓国がこれからも親アメリカである保証などありません。方針を変える可能性はいくらでもあります。南北統一もありえない話ではありません。

日本人はその可能性を考えず、10年後も20年後も同じ国際関係が続くと思っているし、アメリカにくっついてさえいれば大丈夫だと思っています。過剰な不安と過剰な能天気が入り混じる認知の悪癖《あくへき》に、早く気づいていただきたいと願うばかりです。

不安が強いときほど人は残酷になる

不安は怒りと違い、攻撃性とは無縁であるようにも見えます。しかし実際のところ、**不安は怒りや敵意よりも、激しい暴力を生む**ことがあります。

敵意のみで暴力を振るう場合、一定レベル以上の残酷さを伴うことはまずありません。しかし、激しい不安が伴った場合、つまり「このままでは自分が殺される」などの恐怖感がある場合、その防御反応はしばしば、大変な結果を引き起こします。

日本では、いじめ自殺の件数に比べると、「いじめ報復」の犯罪はごくわずかなのですが、内容を見ると凄惨《せいさん》なものが目立ちます。

たとえば1984年、東大阪市の高校でいじめ被害に遭っていた少年2人が、首謀者の少年を殺害した事件がありました。みんなの見ている前で自慰行為を強要されるなどの、連日の苛酷《かこく》ないじめに耐えかねての犯行でした。

その殺害方法は、金槌《かなづち》で殴打《おうだ》したり、眼球をつぶしたりと酸鼻《さんび》をきわめました。しかし2人の動機はあくまでも、壮絶ないじめを行う相手を殺して自分たちの身を守るためだったのです。

このような悲惨な結末を迎えたのは、周りの大人たちが、適切な防衛策を教えていなかったせいでもあるでしょう。

担任やスクールカウンセラーに相談するといった戦い方があること、学校に来ないという選択肢もあること、塾やサークルなど、学校外のコミュニティに居場所をつくれば視野が広がり、自尊心を守れることなど、いくらでも選択肢を示せたはずです。それらの解決策を誰からも教えられず、2人だけで恐怖と恨みを募らせていったのは悲劇としか言いようがありません。

加害者に、その行動の非を理解させる努力も足りなかったのでしょう。教室内で日々起こっている事態を直視できないか、見て見ぬふりをしていたのかもしれません。

ここまでも何度か指摘した通り、日本人は「悪いことは起こりうる」という当たり前の事実から目を背けがちです。

「古今東西、人間社会にはいじめは存在し、今後なくなることもない」と思っておけば、被害者に戦い方や逃げ方を教えられます。いじめ報復やいじめ自殺を減らすためにも、この前提に立つことが不可欠です。

戦争も不安で起きる

ロシアによるウクライナ侵攻も、不安が引き起こしたと言えるでしょう。

この戦争は、ロシア側から見ると「防衛戦争」です。NATOの勢力圏拡大は、ロシアにとって大きな脅威となっていました。冷戦時代でさえ16か国しかなかった加盟国が、現在は30か国にまで増加しているのですから、たしかに由々《ゆゆ》しき事態です。

冷戦後に加わった国のほとんどは、旧東側諸国です。ポーランドやチェコ、ハンガリーといった、かつて勢力圏にあった国々が次々に加盟していったことは、ロシアに強い不安を呼び起こしたでしょう。

これらの諸国は、旧西側諸国とロシアの間にあります。つまり冷戦時代は、鉄のカーテンの向こう側とソ連が直に国境を接さずにすむ、緩衝《かんしょう》地帯でした。これが消し飛んで西側が目の前に迫るのですから、心穏《こころおだ》やかではいられないはずです。

しかも、東西ドイツ統一交渉の席上で、アメリカはソ連に対して、「NATOは絶対に東に広げない」と言っていたのです。ですからプーチン大統領が「約束が違う」と怒るのにも一定の妥当性があります。

このうえウクライナまでNATOに加盟すれば、ロシアとの国境を隔《へだ》てた目と鼻の先に、アメリカの軍隊が配備されることも起こりえます。これはプーチン大統領のみならず、一般のロシア国民にも強烈な不安を呼び起こしたでしょう。「防衛戦争だ」という主張は、上層部だけが言っているのではなく、ロシア国民の多くもそう感じているのではないでしょうか。

彼らはウクライナ市民を嬉々として殺す邪悪な人たちでは決してなく、ただ、不安のために異常心理に陥っている人たちだとも考えられるのです。

不安にとらわれない老人を目指そう

日本人が不安を感じやすいのは、学校教育が一要因となっているでしょう。

初等教育から高等教育までを通して、日本の教育は生徒を「減点法」で評価します。子どものころから毎日毎日、「失敗してはいけない」というメッセージを受け取り続けた子どものなかには、積極的なチャレンジのできない、臆病な心が芽生えてしまいます。

減点法は、自信も喪失させます。とりわけ自信喪失しやすいのは、できることとできないことの差が激しいタイプの子です。絵に関しては天才的でも勉強は苦手、勉強が得意でもコミュニケーションが不得手といった子は、できない部分ばかりを指摘されているうち、劣等感を募らせていきます。

大人の社会でも、上に嫌われることが不安材料となります。

次章で詳しく述べますが、「同調圧力」もキーワードです。会社組織のみならずすべてのコミュニティに蔓延《まんえん》していて、誰もが不安をかきたてられています。

この章を読んで「自分も不安を感じやすい」と思い当たった方は、きっとこうした影響のなかで、知らず知らずのうちに「不安な日本人」の一人になったのでしょう。

ならば、今からでも不安のコントロール力をつけましょう。**自分が日ごろどんな不安を抱いているのか、その不安はどれくらいの確率で起こりえるのか、偏《かたよ》った判断をしていないか、予防策や対応策は用意しているか、振り返ってみましょう。**

会社員の方なら、社内でとっている行動についても考えましょう。**「干される」ことを恐れて忖度《そんたく》したり、行動に制限をかけたりしているなら、そろそろやめてもいい時期です。**定年の近づいている方はとくに、一個人として自由に生きる準備を始めましょう。定年後は、人生でほぼ初めて、誰かに点数をつけられたり、評価されたりすることのない日々がやってきます。

老後は、不安と適切に向き合い、常に平常心を保つ「老賢者」を目指したいところです。小さな心配事を抱えるたびに動揺したり、「あれが怖い」「これが怖い」と言って家に閉じこもったりするような老後では、尊敬も得られないし、生活が楽しくなりません。そのうえ身体機能も脳機能もどんどん落ちて、要介護状態にまっしぐらになってしまいます。今から日々前頭葉を働かせ、理性と知性と活力とを備えた高齢者になりましょう。

第5章

「前と同じ」「みんなと同じ」は、もうやめよう！

人は成長するもの、世の中は変わるもの

前頭葉が働くのは、未経験のことや予想外のことと向き合うときです。前頭葉は、「変化に対応する脳」だからです。

前頭葉がうまく機能していない日本人は、変化しないことを好みがちで、そもそも物事は「変化しないもの」だと思い込んでいる節があります。

私が残念に思うのは、「人は成長するものである」という発想がないことです。62歳になる私を、いまだに「東大医学部卒とはすごいですね」と褒《ほ》める方が多いことには驚かされます。40年前のことを褒められても、正直なところ複雑です。

これではまるで、モテなくなった人が、昔モテていたことを褒められるようなもの。どうせなら「62歳なのに発想が斬新ですね」「年齢を重ねても勉強を続けてらっしゃるんですね」といった褒め方をしていただきたいところです。

こうした日本人の「人は変化しない」「成長しない」という思い込みは根強いものです。人に対してのみならず、さまざまなことに対して同じ思い込みがあります。

医師は日々、患者さんに対して「コレステロール値を下げましょう」「この薬を飲みましょう」などと言いますが、なぜそれを絶対の正解であるかのように言うのでしょうか。それは、学問が進歩しないものだと思っているからです。

昔、マーガリンは体にいいと言われていました。今は体に悪いとされています。それと同じで、今は正しいとされている医学知識が、10年後には間違っているとされて、それが新常識となるかもしれません。医師たちはそんなこともまったく意識せず、今の学説を丸覚えして、患者に押しつけるのみです。

実際、コレステロール値にしても、循環器内科の世界では動脈硬化を起こすので低いほうがいいとされていますが、精神医学の世界では、高いほうがうつ病の予防になるとされています。免疫学の世界でも免疫細胞の材料だと考えられています。

さて、皆さんはどうでしょうか。「明日も今日と同じだろう」という前提で仕事をし、日常生活を送ってはいないでしょうか。

その誤った認識は、個人の人生のみならず、社会や国の将来までも危うくするものです。

先日、ある有識者の討論会に出た際、国際政治学者の三浦瑠麗さんが、きわめて印象的な言葉を発しました。

ウクライナ問題に日本はどう関わっていくかを話し合い、「アメリカとしっかり連携しよう」というところに結論が落ち着いて、各人が最後の総括をする場面で、三浦さんはこう発言したのです。

「西側優勢の秩序が今後も変わらないと思っている方が多くて、驚きました」

三浦さんの指摘は、正鵠《せいこく》を射ています。おそらく10年後には、中国のGDPはアメリカを追い抜くでしょう。20年後には、軍事力でアメリカを上回るかもしれません。そのとき日本は、中国とどう付き合っていくのでしょうか。

中国が世界の覇権を握れば、ロシアの立場や国力も大きく変わります。西側諸国の一員として安穏《あんのん》と過ごしてきた日本はどうすればいいでしょう。

そこを誰も考えないのが、今の日本です。アメリカの庇護《ひご》のもとに平和が保たれる社会が、いつまでも続くと思っているのです。

たしかに、その体制は戦後80年近く、崩れませんでした。歴史上もまれな、驚異的耐用年数ですが、90年、１００年と続いていく保証はありません。

そのことを認識しているか否かで、今の行動が変わってきます。認識があれば、変化に備えてリスクヘッジをします。

原則的に、国家同士が争っているときは、民間でリスクヘッジするのが常套《じょうとう》手段。国が戦争をしていても、民間では商品を売買してつながっておくのです。そうすればものは手に入りますし、万一戦争に負けたときも、民間のパイプがあれば丁重《ていちょう》に扱ってもらえる可能性が高くなります。

ところが日本では、国がロシアを非難すれば、マスコミも同調してロシアの非道ぶりを強調し、民間も関係を断絶しようと動きだします。これではリスクヘッジがまったくできていません。戦略としてあまりにも拙《つたな》いと思わざるを得ません。

日本には「思想の自由」がない

「前と同じ」「みんなと同じ」をよしとして、変化を恐れる日本という国には、「思想の自由」がありません。

そう聞くと、「日本は民主主義国家じゃないか」「中国やロシアのほうが、よほど不自由だ」と思われるかもしれません。

たしかに、中国やロシアには「言論の自由」はありません。報道の自由や、表現の自由もないと言っていい状態です。しかし、「思想の自由」はあります。習近平国家主席に聞こえないところで彼を批判する中国人はいくらでもいます。プーチン大統領のやり方に不賛成なロシア人もいます。言論の自由がないから口に出すのを我慢しているだけで、心のなかで抱く思想は自由です。そして、プーチン大統領や習近平国家主席が失脚すれば、自由に彼らの批判をすることでしょう。

日本はその逆です。言論の自由は保障されていますが、思想が見えない力で縛られているのです。匿名で投票ができるのに、まったく日本経済を成長させてくれない自民党に票を入れ続ける。「民主党政権時代は暗黒だった」と言われたら、そう信じ込む。今の状態を変えることに過剰な不安を覚えて、野党に票を投じず、新しい選択をしない。自由なはずの国において、なぜかその権利を行使しないのです。バイアスに縛られて自由な思想ができず、常に政権与党に有利なような投票行動をするほうが、思想の自由がないように思えます。

政治スキャンダルに対してもそうです。政権が民主主義国家として守るべきことを守らなくても、批判の声が上がるには上がるものの、いつも一過性で終わります。報道番組やワイドショーが一時は騒ぎ立てますが、やがて別の話題を流しはじめます。すると批判の声もみるみる小さくなり、さらに時間が経つと、怒り続けているわずかな人のほうが肩身が狭くなっていきます。

権力に対して批判的な人は、しばしば「左の人なんだね」といった言葉を、ネガティブなニュアンスで投げかけられます。変わり者、小難しい人、お近づきになりたくない人、などのニュアンスです。このような「左」に対するネガティブイメージにも、変化を嫌う国民性が垣間《かいま》見えます。

「権力批判＝左＝怖い」という固定されたイメージ

権力に批判的な人を「左」と揶揄し、近づきたくないと嫌うようになったのには、第2章で触れたように、あさま山荘事件などを起こした連合赤軍の影響があるでしょう。爆弾をつくったり、仲間内で殺しあったり、ハイジャックで北朝鮮に飛んだりするような人たちと同類だと思われているのです。

しかし、権力を批判する人をひとまとめにして連合赤軍と同じように見るのは、あまりに雑です。

「中国やソ連を見ると、やはり共産主義は怖い」「共産党が政権をとれば、北朝鮮みたいになるのでは」などの声もしばしば耳にしますが、これも変化に対する不安による判断の歪みです。

まず、中国共産党とソ連共産党は同じではありません。1950年代後半以降は敵対していました。実際、冷戦時代には、ソ連共産党の傘下にあった（と見られても仕方ない）日本共産党は、中国共産党と親密な関係にある日本社会党と同じサヨクなのに、喧嘩ばかりしていました。

朝鮮労働党と日本共産党もまったく別の組織で、1983年のラングーン事件以降、関係を断絶しています。ほとんど知られていない事実ですが、北朝鮮による拉致問題を初めて国会で取り上げたのは共産党の議員です。1988年のことですから、まったく明るみに出ていなかったころです。

私は皆さんに「どの政党を支持せよ」という話をしているわけではありません。ただ、**「今の状態を変えよう」と言っている人たちのことを、もっと偏見のない目で見るべきだと言いたいのです。**

権力への批判を差し控えるような、「何も変えたくない国民」でいる限り、日本の危機はこれからも続くでしょう。現実にまったく成長がない状態が続いているために、1人あたりのGDPで韓国に抜かれ、人口が半分に満たない韓国に注目論文数でも抜かれてしまいました。

共産主義というもの自体に対しても、「みんなが言う通り」のイメージで見ている人が多くいます。言論弾圧、密告、貧困、独裁者による恐怖政治、政敵の粛清《しゅくせい》などのイメージです。また、資本主義と対立するものというイメージを語る人もいます。

しかし、マルクスが提唱したのは、資本主義が行き着いた先にある共産主義です。共産主義国家が独裁化したのは、封建制だった国が、資本主義による経済成長や自由な社会を経ず、いきなり共産主義を取り入れたからです。一般大衆による下からの動きで共産主義国家になったのではなく、一部のインテリが共産主義を学び、昔ながらの専制君主を倒して新国家をつくったのです。

マルクスが言ったように、資本主義が成熟した先進国が共産主義国家になった例は、今のところ歴史上に存在しません。しかし、これからはわかりません。

アメリカでは左派の勢いが増しています。2020年の大統領選挙で注目されたバーニー・サンダース氏のような左派系の政治家が若者の支持を集めるのは、これまでにない潮流です。

今後、共産主義的思想を持つ政党や政治家が、アメリカの政権を担《にな》う可能性は十分あります。そのとき私たちは歴史上初めて、「言論と思想の自由のある共産主義国家」を目《ま》の当たりにするかもしれません。

この世界では、私たちが想像するよりも、何が起こるかわからないのです。

「同調圧力」に逆らうのは、実はそんなに怖くない！

言論の自由があるのに、思想の自由はない国、日本。

この「謎の自己規制」の正体は何でしょうか。

その一つが、社会に蔓延する同調圧力でしょう。会社、学校、地域、ママ友関係、人が集まるところには必ず「集団のルールからはみ出ないように」という圧力がかかります。個々人は、集団からはじかれることへの不安からそれに従い、互いに監視し合います。

要は、「周囲から浮きたくない」のです。執拗《しつよう》にマスクを着け続けるのも、新型コロナ感染を恐れているからだけではなく、周囲の目が気になるからではないでしょうか。

この同調圧力下で、人目を気にしながら生きることを「心地よい」と感じている人はいないでしょう。みんなが居心地の悪さを感じているのに、みんなが従っているというのは、理にかなっていません。

ならば、まず、同調圧力に逆らってみてはどうでしょうか。**無意味だと感じた集団のルールに異を唱える、もしくは無視してみる**のです。

この未知の領域への一歩は、前頭葉の衰えを防ぐためにも非常に有効です。

「そんなことできない！」と考えた方、そう思った理由は何でしょうか？

おそらく過去に、集団に逆らって痛い目に遭った経験があり、それに懲《こ》りているのでしょう。

では、それはいつのことでしょうか？

人によって違うでしょうが、かなりの割合で、青少年期に味わった人が多いと思われます。「小中学校で周囲と合わせられず、いじめられた」などが典型です。

そこで、さらに考えてみましょう。そのいじめはどのようなものだったでしょう？

いじめには、もちろん悪質なものもあります。しかし大半の事例は「からかい」「無視」レベルの、深刻でないものです。

そのレベルの経験を、50歳前後になってもなお、同調圧力に屈する理由にしているなら、「羹《あつもの》に懲りて膾《なます》を吹く」のと同じです。**もう、子どものころの刷り込みを更新して、したいようにしてみてはどうでしょうか。**

「そんなことをしたら、大人の社会でも冷遇される」と不安でしょうか？

これも恐れる必要はありません。今はパワハラであろうとセクハラであろうと、訴え出たら必ず勝てる時代です。私たちがやたらと怖がっているものは、実は意外と、打倒可能なものなのです。

「同じがいい」という価値観は偏っている

日本人には、「人と人は違って当たり前」という思考が欠けています。

人間は一人ひとり、違う生き物です。違った長所短所を持ち、違った環境で成長し、違った出来事を経験しながら生きています。ならば、違った感じ方や違った思想を持っていて当然なはずです。

ところがそれを当然と捉えず、あたかも悪い事であるかのように思ってしまうのはなぜでしょうか。

それは、「人はみんな同じであることがいい」という、間違った信条に縛られているからです。その結果、全員が互いに「相手に合わせる」というサービスをし合って、疲れているのです。

しかし、みんなに合わせることは、本当にいいことでしょうか。**ときには厳しいこと**

を言い、反対意見を述べるほうが相手のためになる場面は、いくらでもあるはずです。

上下関係が伴う場合はなおさらです。「偉い人」に従い、その人が間違った判断をしても調子を合わせていたなら、その人は「裸の王様」になります。それが組織にとってよくないのは言うまでもないですし、本人にとっても不幸です。それ以上に、そのために自分が所属する会社などが危機を迎えることもあります。従順な人は、必ずしも「いい人」ではないのです。

人に合わせるメンタリティがここまで浸透しているのは、日本人はもともと異文化に触れる機会が少ないからでしょう。地続きの隣国を持たない島国であること、かつ、民族的な多様性が少ないこと、この二つが影響していると思われます。

こうした国は、世界ではかなり少数です。ほとんどの国は隣国と国境を接していますし、国内でも、民族的ルーツの違う人たちが入り混じっています。イギリスのような島国にしても、ウェールズ系やスコットランド系など、複数の民族を包括《ほうかつ》しているうえに、何世紀にもわたる植民地政策の影響で、さまざまな国からやってきた人たちが集まっています。それゆえに、「違って当たり前」が人付き合いの大前提となるのです。

まずは家庭内から「思想の自由」を始めよう

「マスクなんか着けなくていいのでは」「コロナ自粛なんてしなくていい」「ウクライナが正義で、ロシアが悪だと決めつけていいのか」といった少数派の意見を言うと、一斉に白い眼を向けられるのが今の世の中です。それは前頭葉を働かせる機会を封じ込め、衰えさせる元凶です。

同調圧力に逆らってみようと言いましたが、いきなり外で試すのが不安なら、まずは家のなかで始めてみてはいかがでしょうか。

その際は、自分が正直な意見を言うだけではなく、**自分以外の家族が意見を言う自由も認めましょう**。あるテーマに対して夫婦で違う見解を持っていたとしても、**「世間では誰も言っていない」「外で言ったら浮くぞ」などの頭ごなしの言論封殺ではなく、なぜそう思うのかの根拠や、「こうすればこんないいことがある」といった仮説など、内**

容そのもので語りあうことが大切です。

小さい子どもがいるご家庭では、「外で言ってはいけない」ことを教えながら、「でも、家でなら言ってもOK」と保証することをおすすめします。

子どもは「○○ちゃんはバカなんだ」「○○ちゃんはデブだ」など、感じたままを口にするものです。それは世間的にはよろしくない発言かもしれませんが、いちいち「そんなこと言ってはダメ」と規制をかけていたら、人の顔色ばかりうかがう、前頭葉の働かない子になってしまいます。

「人を傷つける発言はよくない」という道徳はきちんと教えつつ、人に伝わらない限りは、つまり心でどう感じるかは自由だということを学んでもらいましょう。「親にだったら何でも言える」という安心感とともに、子どもはその自由を享受《きょうじゅ》できます。

「絶対」とされていることに反論してみよう

世の意見が一方向に向かおうとしているとき、「これが絶対に正解だ」と言わんばかりの主張をみんなが唱えはじめたとき、私はいつも、そこに反論の種を探します。

高齢者の運転免許返納に異を唱えたり、マスクを着けることのデメリットやウクライナ戦争におけるロシアの言い分を指摘したりするのは、この習慣があるからです。

一つの意見が大多数を占め、それが絶対の正義となっていくのは危険な兆候です。その巨大な塊《かたまり》は「みんな同じであれ」という圧力をもって、個々人の思想の自由を抑圧するからです。

皆さんも、そんな**「多数の正義」に疑問を持っていただきたい**と思います。「本当にそうだろうか」と疑いを持ち、「どうやってひっくり返そうか」と考える習慣を持ちましょう。

図9　みんなが「正しい」と言うことに疑問を持とう

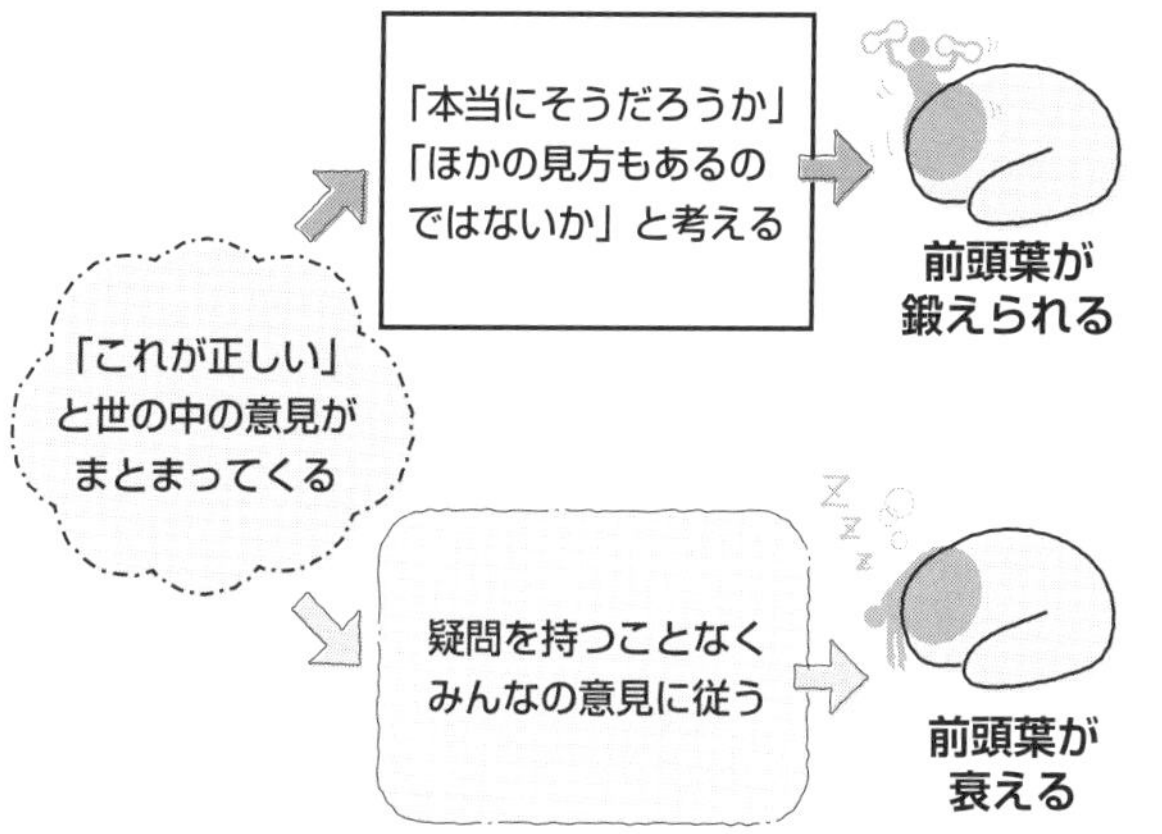

これは、同調圧力や権威に弱いという悪癖を矯正するトレーニングになります。周囲から浮いたり、ときに嫌われたりしても、「この歳になったら意外と平気だ」と気づくきっかけにもなります。何より、人と違うことを言おうとすることで、前頭葉がいつまでも元気でいられます。

なお、このときは、「完璧な反論をしよう」などと思わないほうがベターです。ハードルを高くすると、最初の一歩さえ踏み出せなくなります。

大事なのは、やたらと練り上げた**「一つの」反論ではなく、「たくさんの」視点を**

持つことです。一つのテーマに対して、一つの正解があるわけではないからです。コロナ禍に関しても、「自粛は絶対にすべき」と「ただの風邪だから気にしなくていい」の二つに一つを選ばなければならないわけではありません。

反論を一つ思いついたとき、「これが正解」と信じ込んで固執してしまった場合、大多数の意見に流されるのと同じく、前頭葉は鍛えられません。「こうも考えられるのでは？」「こんな可能性もあるのでは？」という選択肢を、一つでも多く出せるかどうか。そのチャレンジが、最良の脳トレとなるのです。

前頭葉の老化を防ぎ、うつ防止にもなる思考法

「こうかもしれない、こうも考えられる」という考え方は、前頭葉の衰えを防げるだけでなく、うつの予防効果もあります。

うつ病になりやすい人には、いくつかの思考パターンがあります。

たとえば、「二分割思考」。物事を「正義か悪か」「敵か味方か」というように二つに

分ける考え方です。すべては白か黒のどちらかで、グレーゾーンはナシ。誰かからほんの少し反対意見を言われたら「あいつは敵だ」とみなすような極端さがあります。

「〇〇すべき思考」も、うつ病になりやすい思考パターンです。「男子たるもの、強くあるべき」「介護は家族がやるべきもの」などの思い込みが強く、その「べき」を実践できなければ、自分を全否定して絶望してしまいます。

いずれも、「こうに決まっている」「こうするしかない」といった、本人のなかだけの「絶対」が心を追い詰める思考です。この章で述べてきた日本人らしい思考とも共通するところがあります。

これらの思考パターンを発見したのは、アメリカの精神科医、アーロン・ベックのグループです。ベックはそれらへの対処として「認知療法」というメソッドを確立し、うつ病の治療で大きな業績を残しました。

認知療法とは、その人の認知（物事の受け取り方や考え方）の偏りや歪みを洗いだし、「本当にそうだろうか？」と一緒に考えながら、硬直した思考パターンを修正していく

図10　いろいろな見方ができると「うつ防止」にもなる

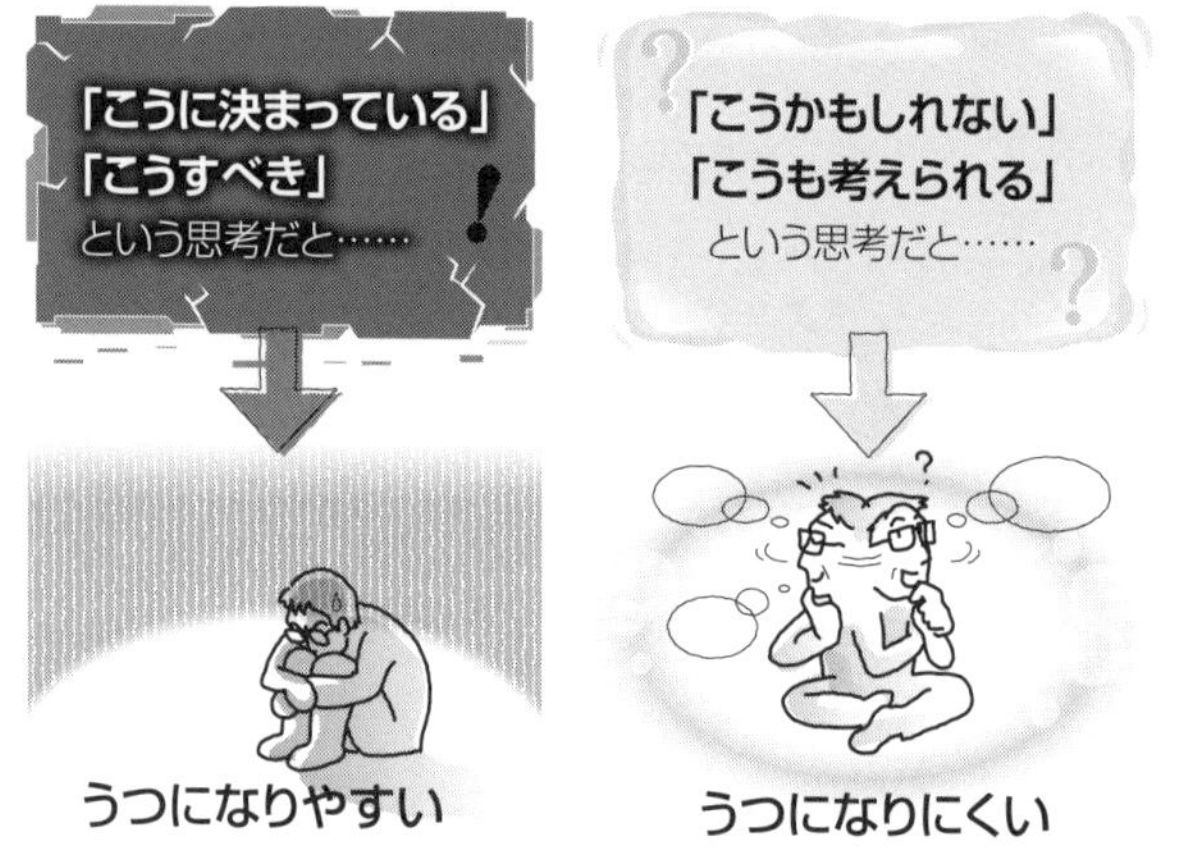
「こうに決まっている」

「こうすべき」

という思考だと……

!

うつになりやすい
?

「こうかもしれない」

「こうも考えられる」

という思考だと……

?

うつになりにくい

方法です。

これもまた、私がおすすめしている「こうも考えられる」という思考法と共通性があることに気づかれるでしょう。

「こうに決まっている」「こうすべきだ」から、「こうかもしれない」「こうも考えられる」に変わると、人生が楽になります。

選択肢が複数あるので、一度や二度失敗しても、絶望せずに済みます。

一つの正義に凝《こ》り固まらないので、人を敵視することも減ります。反対意見を言われても、「それも一つの考え方だ」と受け止められます。

同様に、「みんな同じでなくてはならな

い」という謎の信条からも解放され、集団からはじかれる不安も軽減します。

不自由に満ちた国・日本において、ぜひこの「頭と心の自由」を手に入れていただきたいと思います。

第6章

「毎日が実験」と思って生きよう

「毎日が実験」と思えば、人生が楽しくなる

前頭葉を使う生き方へとシフトチェンジすれば、人生が変わります。今の生活だけでなく、60代以降の毎日が楽しく、充実したものになります。歳をとって頭が衰えるどころか、むしろ若い人よりも高い知性、広い視野、柔軟な思考を備えた、魅力あふれる人になれます。

そのために、今日からできることは何でしょうか。

それは、**「毎日が実験」だと思って生きる**ことです。

たとえば、ランチを食べに行くとします。このとき、いつも行く店ではなく、知らない店に入ってみましょう。いつもの店はおいしいとわかっているのに対し、知らない店はおいしいかどうかわかりません。その未知の領域に、足を踏み入れてみましょう。

映画を見るとき、いつもは見ないようなジャンルのものを試してみるのもいいでしょ

図11　毎日を実験にしよう！

いつもの店にランチに行く
いつものおまち！
……
「まずかった」という
失敗はないが、
新しいことと出会えず、
前頭葉も使わない
入ったことのない店にランチに行く
ありがとうございます！
じゃあそのおススメ一つね！
「まずかった」という
失敗もありえるが、
新しいことに出会えて、
前頭葉が働く

う。見る前から「この手の映画は苦手」「きっとつまらない」と決めるのは禁物です。人の嗜好《しこう》は、本人も知らないうちに変化するもの。若いころは理解できなかったタイプの映画を、楽しめるようになっているかもしれません。

読書やスポーツにも、同じことが言えます。「この人とは気が合う」「合わない」といった相性もしかりです。

もちろん、実験してみて「この店はまずかった」「やっぱりつまらなかった」「合わなかった」と思うことも多々あります。しかし事前に決めつけるのと、試して体感するのとでは、前頭葉の働き方が大きく違います。

失敗するかもしれないから試さない、という発想は実験精神の大敵です。**わからないからこそやってみる、**という姿勢を持ちましょう。

そうすると、人生から「退屈」がなくなります。おいしいかまずいか、楽しいかつまらないか、合うか合わないか、いつも勝負をかけているのですから、退屈の入り込みようがありません。

そして実験が成功したときは、これまで知らなかった楽しいことや、面白いことと出会えます。自分の新たな一面を知ることもできます。意外な特技を見つけて、それをさらに伸ばしていく、といったこともできるでしょう。実験の毎日は、いくつになっても成長する人の基盤でもあるのです。

「理科の実験」は実験ではない

さて、実験と言うと、子どものころの実験室で行われる「理科の実験」を連想する方が多いでしょう。

ですが、あれは実験ではありません。先生の言う通りに液体Aと液体Bを分量通り混ぜたら、こんな色に……という作業は、やる前から教科書に書かれていることであり、何の驚きも伴いません。レシピ通りにやるのなら、料理教室と何ら変わるところはないわけです。

事故になって子どもがケガをしてはいけないから、安全だとわかっていることだけをするという理屈はわかります。しかしそれならそれで、「これは実験ではない」ことを周知するのが筋ではないでしょうか。

そうしないのはおそらく、現場の教師も、カリキュラムを組んだ「偉い人」たちも、「これは実験ではない」ことを知らないからだと思います。そうした大人たちに教えられて、理科の実験を実験だと思う子どもが大人になっていくのです。

真の意味での実験とは、まだ答えが出ていない事柄を探ることです。

ですから、理科の実験のように結論はわかってはいません。そこで立てるのが仮説、すなわち「こうしたら、こうなるのではないか？」という予測です。

その仮説をもとにトライして、予測と違えば失敗。「ならば、こんな風にしてみたら？」と別な方法で再トライ。この繰り返しによって、発見を得ていくのです。

当然、失敗も起こります。しかし失敗も一つの発見であり、むしろ失敗が大きな成功に結びつくこともあります。

2002年にノーベル化学賞を受賞した田中耕一さんの「ソフトレーザー脱離イオン化法」も、失敗がきっかけで発見されたものです。

タンパク質の分子を計量する方法を見つけ出すために、日々実験を繰り返していた田中さんのチームは、ある日、別の実験に使う材料の調合を誤ってしまったのだそうです。そのとき田中さんは「捨てるのももったいないから」という理由で、その物質をタンパク質の実験に使用しました。すると、見事に計量に成功。こうして、田中さんは世界初の偉業を成し遂げたのです。

答えのわかりきったことを再現するだけの「実験もどき」では、こうしたことは絶対に起こりません。ささやかな発見から世紀の大発見まで、すべての実験は「わからない」から始まるのです。

小泉元首相の「やってみなきゃわからない」精神

実験精神の根本にあるもの、それは「やってみないとわからない」という人生観であり、世界観です。この精神で、郵政民営化という日本中を巻き込む実験を行った人が、小泉純一郎元首相です。

小泉氏は国会で「抵抗勢力とは誰のことでしょうか」と質問されました。そのときの彼の答えは、「どういう勢力かというのは、やってみなきゃわからない」。非常にユニークで、前頭葉を使えている人だと思います。

おそらく小泉氏はうつにもなりにくいでしょう。最初から答えが決まっているわけでなく「やってみなければわからない」と思える実験的精神の持ち主は、一度や二度失敗しても「こうもできないか？」と考えられるからです。

のちに年金問題で追及されたときに「人生いろいろ、会社もいろいろ、社員もいろいろ」と言ったのも、良《よ》し悪《あ》しはともかく、うつになりにくい人ならではの発想だと感じました。「答えは一つではない」と思える人は、自分を追い詰めて視野狭窄《きょうさく》に陥ることはないでしょう。

実験の結果は検証して、同じ失敗を繰り返さない

さて、小泉氏が実現した郵政民営化ですが、皆さんはこの壮大な実験が成功したと思いますか？　それとも失敗したと思うでしょうか？

おそらく、「わからない」のではないかと思います。覚えているのは選挙のときの大騒ぎだけで、結局よくなったのか悪くなったのか判然としないという方が多いのではないでしょうか。

郵政民営化がなされたのは2007年ですが、2015年まで、日本郵政の株は国がすべて保有していました。これは何を意味するかというと、うまくいかなければ国営に戻せたということです。

このことはあまり知られていないと思います。と言うよりも、日本人全体が実験的発想に乏《とぼ》しいので、いったん民営化したら戻せないのだろう、と何となく思い込んでいたのでしょう。

2015年に国は日本郵政の株の一部を売却し、日本郵政は東京証券取引所に上場したのですが、民営化前に盛んに指摘された、過疎地に郵便が届きづらくなるという懸念は、いったいどうなったのでしょうか。その不安が的中したかしていないか、いまだに誰も総括していないのではないでしょうか。民営化が必要な背景として主張された財政投融資の問題や特定郵便局長の利権問題も、解決したのか否か、判然としません。

実験は、成功しても失敗しても、その成否を総括して、理由を明らかにすることが不可欠です。成功した理由を分析しなければ、成功は偶然の幸運で終わり、再現性が生まれません。

失敗の分析はさらに重要です。なぜうまくいかなかったのかを検証しなければ、その点をクリアできる次の実験へと移れないからです。トライアンドエラーは、闇雲《やみくも》な繰り返しではないのです。


皆さんも、「毎日の実験」で失敗をしたら、同じ失敗を繰り返さないように気をつけましょう。

「失敗学」の提唱者である東京大学名誉教授・畑村洋太郎先生は、失敗を放置すれば人は何度でも同じ失敗をし、失敗は永遠に「成功の母」にならない、と指摘しています。

失敗の内容を覚えておき、次は別の方法を試してください。**同じ失敗を繰り返す人は、新しいチャレンジをしているつもりでも、それは決して実験ではない**のです。

試す前から答えをくれるのは「宗教」

試す前から答えがわかっていることなど、この世にはありません。すべての事物は、最初は未知のものです。人はそれらを試し、体験することで、既知の範囲を増やしてきました。それが人間の、そして科学の歴史です。

科学と対置される概念として、宗教があります。

宗教は、科学とは逆に、最初から答えを提示します。「世界はこういうものである」「神がこう定めた」というように、世界観が構築されているのです。

宗教に実験の余地はありません。というより、神を試すような所業は不届き千万とされるでしょう。宗教における人の選択肢は、信じるか、信じないかだけ。信じた人はそれ以降、疑うことは罪だと考えるようになります。

この姿勢は、ここまで述べてきた日本人の特徴ととても似通っています。日本人は、権力を批判することをタブー視し、上司などの「偉い人」に従うことがわが身の安全につながると思っています。日本は宗教心の薄い国だとみなされがちですが、なかなかどうして「信心深い」のです。

科学者でも、実際は「偉い教授の信者」「現在の学説の信者」になっている人は珍しくありません。東大医学部には、教授の唱える学説を信じて疑わない人々が大勢《おおぜい》いました。

医師には全般に、科学的精神、実験的精神を失った人が多いと思います。前章で触れたような、「コレステロール値は下げるべき」と決めつけるような医師たちです。彼らも、最初から答えは決まっているという信条の持ち主です。

「血圧も下げたほうがいい」「血糖値も下げたほうがいい」と彼らは誰にでも言いますが、なかには血圧が高めのほうが体調がいい患者もいるでしょう。血糖値がやや高いほうが脳がよく働くという人もいるかもしれません。その人の体に合う血圧や血糖値は、決して一律ではないのです。また、確率論的に血圧を下げたほうがいいのか血糖値を下げたほうがいいのかという大規模な比較調査を誰もやりません。外国のデータがそのまま日本にも当てはまると信じているのです。

精神科医でも、「うつならこの薬」「統合失調症ならこの薬」と、決まりきったやり方を繰り返すだけの医師が多数います。とりわけ、師匠筋の先生の学説にのっとったやり方でないといけないと思い込んでいるような医師は最悪です。

精神科の治療では、体の治療よりもはるかに「予想外」が頻発します。だからこそ、医師はさまざまな選択肢を用意しておかなくてはなりません。薬だけでなく、対話やカウンセリングのさまざまな手法について知識を持ち、患者さんに提供しながら、ベストな方法を探っていくことが必要です。私は科学に携《たずさ》わる人間として、いつもそうありたいと思っています。

医師の話を鵜呑みにしない患者になろう

患者の立場にいる方も、医師の「信者」になってはいないか、振り返ってみましょう。

医師に言われるがまま薬を飲んでいるけれど、かえって体調が悪い、ということはないでしょうか。ならば、疑う姿勢を持ち、医師に疑問をぶつけてみましょう。

飲む頻度を減らすか、思い切ってやめてみるのも一つの方法です。

とりわけ高齢者は、薬の量を減らすべきだと私は考えています。もし高齢の親御さんが、毎食後に何種類もの薬を飲んでいたら、リスクがあると考えたほうがいいでしょう。

というのも、年齢を重ねると肝臓の機能が落ちて代謝が悪くなり、半減期（薬の血中濃度が半分になるまでの時間）が長くなるからです。腎臓の機能が低下して薬の排出が落ちているという問題もあります。

「とはいえ、やめて命に関わるようなことになったら怖い」と思うかもしれませんが、そこは柔軟に考えましょう。親御さんにしろ、ご自身が飲むにしろ、薬をやめて調子が悪くなったら、また戻せばいいだけの話です。

逆のパターンでも同様のことが言えます。「薬には絶対に頼らない」という方がときどきいますが、そこに固執して不調を我慢し続けるのは、果たして賢いやり方でしょう

図12　自分の体調も「実験」して管理しよう

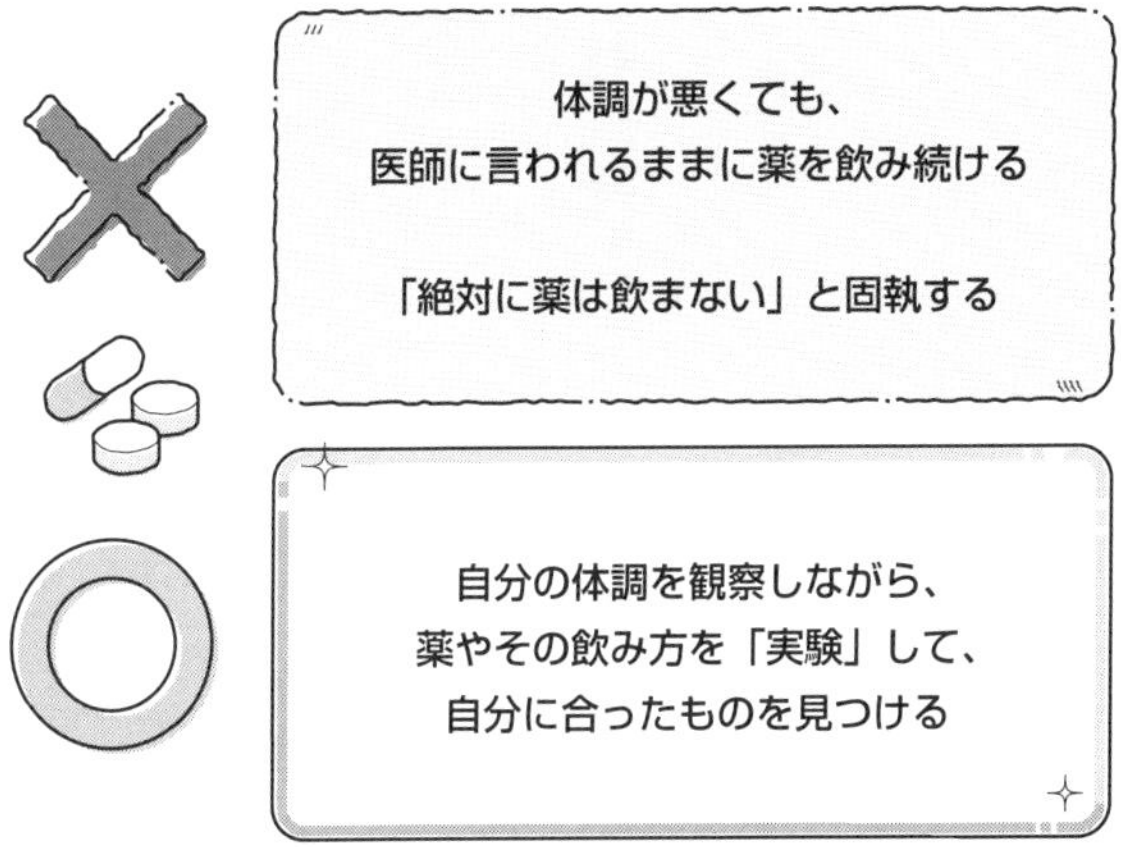
体調が悪くても、
医師に言われるままに薬を飲み続ける
「絶対に薬は飲まない」と固執する
自分の体調を観察しながら、
薬やその飲み方を「実験」して、
自分に合ったものを見つける

か。

薬に頼りたくないのは、副作用が心配だからでしょう。しかし、ほとんどの場合、薬の副作用は永続的なものではありません。たとえば睡眠導入剤を飲むと、ときどき副作用で記憶障害が出ることがあります。しかし、服用をやめればすぐに元に戻ります。

やめてみたらどうなるか、飲んでみたらどうなるか。いずれの場合も、自分に合う状態を見つけ出すには、やはり実験が必要なのです。

生活習慣に関しても、何が最適かは人

によって違います。自分の理想の睡眠時間を知りたいなら、6時間睡眠、7時間睡眠、8時間睡眠とそれぞれ試して、一番調子がいい日はどの日か確かめるのが一番です。ほかにも、合う食べ物を実験したり、アルコールの適量を実験したり、試せることはいろいろあります。

世にあふれる健康情報に振り回されるよりも、実験をしたほうが、確度の高い体調管理ができるでしょう。

優れた経営者・指導者は「理系的思考」をしている

実験精神は、科学的に物事を考える姿勢、つまり、「理系的な生き方」とも言えます。

大学で理系だったか文系だったかは関係ありません。先ほど述べた通り、医学部の人間でもまったく科学的ではない人間は山ほどいますし、文系の学問を修めていても、「やってみないとわからない」と考えられる人は、理系的な人と言えます。

過去の優れた経営者には、理系的思考をする人が多く見受けられます。

たとえば、セブン&アイ・ホールディングスのCEOを務めた鈴木敏文氏は、「どの棚に何を置けば一番売れるか」「季節や気温によって売れるものはどう変わるか」といったことを全国の店舗のPOSを用いて、緻密《ちみつ》に検証しました。「流通の神様」の異名《いみょう》をとった鈴木氏ですが、その手法はきわめて科学的です。

また、ユニクロを展開するファーストリテイリングの柳井正会長兼社長には『一勝九敗』（新潮文庫）という著書があります。9回失敗しても、勝った1回が大きければ成功者になれる、という考え方です。とにかくあれこれ試そうという姿勢からは、繰り返し挑戦する気概が感じ取れます。

経営者以外にも、理系的思考で成果を上げた人はいます。たとえば、名監督として球史に名を刻んだ野村克也氏。ヤクルト監督時代に提唱した「ID野球」は、まだまだ根性論や才能頼みが幅を利かせていた1990年代の球界において、非常に革新的でした。

全員に共通するのはやはり、「やってみないとわからない」という姿勢です。試す前から答えはわかっていると思わずに、調べて、試して、挑戦する繰り返しの先で、成功をつかんだのです。

ＰＤＣＡを真の実験にするには

ここまでの話から、実験とビジネスにおける「ＰＤＣＡサイクル」との共通性を感じた方も多いのではないでしょうか。

たしかに、実験的精神を持って行うＰＤＣＡは、非常に前頭葉を刺激する、有意義なものです。しかし実際の職場で行われているＰＤＣＡには、実験的でないものが多々あると感じます。

ＰＤＣＡの第一段階であるＰ（プラン）では、「これをすれば、こうなるのでは」という仮説を立てます。しかし、そこに「思い込み」がある場合、実行にさえ至らないか、新奇性のないことの繰り返しになります。

思い込みは、「このやり方はきっと失敗する」「こうしておけば成功する」の両方のパターンがありますが、いずれの場合も、世の中は変わっていくものだという視点が欠けています。**かつての成功のセオリーはだんだん陳腐化していくものですし、前にうまくいかなかったことでも、時期を変えれば成功する可能性はあります。**やはり、やってみないとわからないのです。

第3章で、私が『70歳が老化の分かれ道』を出すまでに、「高齢者向けと露骨にわかるタイトルでは売れない」と言われ、年齢をはずしたタイトルをつけて失敗した本が何冊もあったことを話しました。これも、時代の変化を視野に入れていなかった思い込みの例です。

D（実践）のあとのC（検証）がおざなりになることもあります。仮説が当たらなかった、成功しなかった、というだけで終わらせてしまい、改良して再挑戦するAにたどり着かないのです。

これらの障壁が取り除かれれば、PDCAは格段にイノベーティブなものになるでしょう。

ただし、ビジネスでの実験では、予算に限りがあることも忘れてはいけません。

いくら「やってみないとわからない」からといって、安易な仮説で何度も挑戦したら、失敗の山と赤字が積み上がり、会社に多大な迷惑をかけます。

なるべく少ない回数で成功に至れるよう、仮説と検証の精度を高めて臨むことが大切です。

コンサルタントの信奉者になってはいけない

日本の会社は変わろうとする力に欠けていると先に述べましたが、会社も「変わったほうがいいらしい」ことは重々承知しているのだと思います。

そういう組織はよく、外から「先生」を呼んできます。

経営戦略立案、人材育成、業務効率化、マーケティングやブランディング、DXやイノベーションと、さまざまな「変わりたいテーマ」を掲げては、そのテーマごとに、コンサルタントと呼ばれる人の指導を仰ぎます。

その際、コンサルタントの見解を自らの実験に役立てるのなら、何の問題もありません。しかし、コンサルタントの信奉者になってしまうのは間違いです。

「先生」に高額なお布施《ふせ》（コンサルティング料はたいてい高額です）を払って、ご託宣通りに動くだけ、という会社がしばしば見られます。これは理系的精神とは程遠い、ただの妄信状態です。

コンサルタントの側にも、「教祖様」然とふるまう人がよくいます。企業のために尽くす誠実なコンサルタントもいるのでしょうが、見ている限り、目につくのは「こうすれば間違いない」という断定的な態度です。

「これが成功の秘訣」「自分は絶対に正しい」「言う通りにせよ」と言い切るのは、科学ではなく宗教の世界に住んでいる人です。私は「やってみないとわからない」と思って生きている人間なので、そういう人の話は信じる気になれません。

その人も、100社指導して100社とも成功したわけではないでしょう。たまたま当たった1社か2社から、たっぷりお布施をいただいているだけです。

この手法は、占い師と同じです。商売上手な占い師は、100人全員に「こうすれば開運する」「もうすぐすごい金運がめぐってくる」と言っておきます。そのうち95人がダメでも、5人がたまたま金運をつかめばしめたもの。喜んで大枚《たいまい》をはたいてくれますし、「先生の言う通りにしたら成功した」と宣伝もしてくれます。ポジティブな断言をばらまいておけば儲かるしくみになっているのです。

このことを知っておくと、コンサルタントに依存する危険を回避できます。失敗の防ぎ方などの、ネガティブ方向の助言が少ないコンサルタントは、「教祖様タイプ」と見たほうがいいでしょう。

セオリーの逆を試してみよう

経営者、もしくは経営陣に名を連ねている方々は、人件費を「下げるべきもの」と思いがちではないでしょうか。

私は、日本の経済が弱くなった一番大きな理由は、そこにあると思っています。昔の経営者は、自分の収入を削ってでも従業員に渡す給料を死守していたものですが、その精神はどこにいったのだろうと感じます。

日本中の経営者が従業員の給料を上げれば、日本の経済は活性化するのではないか、という仮説を私は立てています。

「まさか」と思った経営者の方は、従業員は会社を一歩出れば即「消費者」に変わるということを忘れています。給料が上がれば、消費も上がるのです。

この方法には、すでに成功例があります。1914年、フォードの創業者であるヘンリー・フォードは、熟練労働者の給料を約2倍にアップさせました。競合他社も追随せざるを得ない状況となり、結果、労働者階級の人たちが、自分たちのつくる車を買えるようになりました。富裕層しか所有できなかった車が一般市民にも普及する突破口を開いたフォードは、アメリカ経済にも大いに貢献したのです。

目先のコスト削減に腐心するよりも、こうした大きな視野で物事を動かす発想が必要です。セオリー通り、前例通りの枠を壊して、大きなリターンの見込める実験をしてみてはいかがでしょうか。

この30年、日本の景気がまったくよくならないのも、ひとえに「実験不足」です。減税しても、金利を引き下げても、お金を大量に刷っても効果がなかったのなら、**これまたセオリーの枠を出て、新しいことを試したほうがいい**のではないでしょうか。

たとえば、増税です。

法人税はここ数十年で段階的に引き下げられてきましたが、経済に追い風が吹いた様子は見受けられません。ならば逆に、上げてみてはどうでしょうか。

法人税は利益に対してかかる税なので、赤字の会社をいじめることにはなりません。儲けている会社からとるのです。

ただし、とるだけでなく、経費の適用範囲を広げることとセットで行うのがポイントです。企業にしてみれば、経費を使って利益を抑えたほうが「お得」になります。「研究開発費をどんどん使おう」ということになればイノベーションが喚起されますし、「従業員への給料も上げよう」となれば消費も活性化されます。

この話は、私は折に触れて言っているのですが、そのつど猛烈な反論が大量に返ってきます。内容はさまざまですが、共通しているのは「経済の素人が、何を言っているのか」ということです。

もちろん私も、自分の言っていることが100%正しいとは言いません。ここまで、この本で述べてきたことも、絶対に正しいことではありません。私はただ、「やってみないとわからない」と言っているのです。

自分の感覚を大切にしよう

大事にすべきは、自分の体験に近い感覚です。

たとえば、多くの人たちが「株価が上がる＝景気がいい」と思い込んでいます。そして、株価が低迷していた民主党政権時代を「暗黒時代」と呼びます。

しかし、アベノミクスで株価が上がって、私たちの生活がよくなったという感覚があるでしょうか。

日本では、アメリカのように株価が上がると年金が増えたり医療保険料が安くなったりするわけではなく、株価が国民生活に与える影響はほとんどありません。にもかかわらず私たちは、株価が高ければ経済政策が成功しているような印象を抱いてしまいます。

2021年、岸田文雄首相の就任直後、日経平均株価が下落しました。直接の原因は、彼が政策の一つに、金融所得課税の増税を掲げていたことです。それにより増えた税収を中間層や低所得者に再分配するという格差是正のためのプランでしたが、これに富裕層が大反発し、株を売りに走ったのです。

その結果、岸田首相は一気にトーンダウン。増税は見送りとなり、再浮上する気配もありません。

しかしここは、「株価が下がって何が悪い」と開き直ってほしかったところです。「一部の富裕層に利益が集中していいのか」と国民に問いかけるくらいの強気で臨むべきだったのではないでしょうか。

格差を是正《ぜせい》したほうが国民の総需要が増えるということは、マルクスもケインズも、最近ではピケティも指摘している経済の大原則です。株価という、生活実感とは程遠い指標によってそれが阻《はば》まれるのは不合理です。

また、株価を決めるのは富裕層なので、富裕層に都合の悪い政策を行うと、前述のような売り浴びせを食らうことになります。株価を気にしていたら、富裕層に都合のいい政策しかできません。

現在の株価は、バブル期と同程度まで高い数字となっていますが、当時の好況ぶりと比べるまでもなく、経済が活性化したとはとうてい言えません。

株価があてにならないのには、現代ならではの事情もあります。

昔の株価は、今よりもずっと、会社の利益を忠実に反映していました。しかし今は、業績に対してではなく、期待で価格が上下します。テスラがまったく利益を出していなかったころから株価が高かったのも、同社に強い期待が寄せられていたからです。

この期待は、妙なパラドックスも生み出します。

トランプ大統領が就任したとき、株価は上昇しました。彼の政策が支持されたからではありません。彼の徹底した保護貿易主義が、「トランプ大統領が辞めたときには、海外との交易が復活して、好景気がやってくる」という期待を刺激したからです。このように、株価はそのときの政策の評判が悪いときに上がることがしばしばあります。

つまるところ、株価は投資家たちの気分によって上下するのです。一般市民の実感と乖離《かいり》するのは、ある意味当然です。

家族とも友人とも、あの手この手で実験を

生活実感と言えば、皆さんのプライベートは心地のよいものでしょうか。

夫は妻と、妻は夫と、「何となく気持ちが通い合わない」と感じていたり、思春期の子どもとの関係がぎくしゃくしたりと、悩みを抱えている方もいるのではないかと思います。

そんなとき、始めるべきはやはり実験です。

子どもとの関係がよくないなら、「こうしたらよくなるかもしれない」と思うことを、一つずつ試してみましょう。

声をかけて話を聞いてみる、何でもいいから褒めてみる、おいしいものを食べに行く、子どもが欲しがっているものを買うなど、いろいろ試すうちに、どれかで突破口が開けるかもしれません。

「突然そんなことをしたら、変に思われないか？」と心配でしょうか。そう、変に思わ

れる可能性はあります。しかしそれでいいのです。

「こう思われるかもしれない」と思って働きかけをやめてしまえば、関係性は変わらないし、子どもが何を考えているかもわからないままです。

家族に限らず、友人知人とのコミュニケーションも同じです。すべて実験だと思えば、やってみようと思えるでしょう。もし実験が失敗して相手が機嫌を損ねたら、そのときは謝ればいいのです。

ただし、失敗したときのフォローもきちんと用意しておきましょう。

相手の欠点を指摘したり、相手を知りたいがゆえに相手が触れてほしくない質問をしたり、相手にとって荷の重い頼み事をしたり、といった実験は、相手が機嫌を損ねる可能性が高くなります。

「あなたを思うがゆえのことだ」というようにきちんと説明する、自分のほうも自己開示する、自分も相手に役立つ何かをするなど、誠実に対応しましょう。

人間相手の実験は、相手の感情を考えて行わなくてはなりません。そこで気を使って何もしないのではなく、ソリューションまで考えたうえで、行動に移すことが大切です。

打席に立ち続けなければ、成功はやってこない

ビジネスで実験をする場合は、予算を無駄遣いしないよう、回数を抑えて高い精度で行うべきだと述べました。

逆に、プライベートでの実験には、さほど元手はかかりません。

家族との関係をよくする。読書ジャンルを増やす。交友関係を広げる。こうした実験はあれこれ考えず、回数を多くするといいでしょう。「打席」に立つ回数が多ければ多いほど、成功確率は増えます。

おいしいラーメン屋さんを見つけたいなら、「食べログ」に乗っている店を上から下まで1軒ずつ行ってみるのもいいでしょう。今の間に老後の趣味を見つけておきたいなら、スポーツなり楽器なり、興味の惹《ひ》かれることを片っ端から、1か月ずつ体験してい

くのもいいと思います。

よくある間違いは、一つ試してつまらないと思って、そこでストップすること。**一つ目の実験が失敗したとき、「次は何をやる?」と考えられる人が、成功する**のです。

トーマス・エジソンは、電球を発明するまでの1万回もの失敗を振り返り、「それは失敗ではない、うまくいかないやり方を1万通り見つけただけだ」と言ったそうです。まさに実験精神のお手本のような発言です。

私も、自分が打席に立ち続けた人間だという自負があります。

これまでに書いた本は800冊超。この20年は、1年に少なくとも20冊の本を出し続けています。そのつど、「こんなテーマが受けるのではないか」「ここにターゲットを設定すれば喜ばれるのでは」と仮説を立て、ダメならこの手だ、と次々に実行してきました。すると2~3年に1度は10万部クラスのベストセラーがでるので、出版社が次々と実験の機会を与えてくれます。『80歳の壁』などのヒットは、そうして生まれたものだと思っています。

なお、こうした回数無制限型の実験でも、検証は不可欠です。何度も打席に立っているのに全然ダメだという方は、失敗の原因を分析して改良するプロセスを省《はぶ》いている可能性があります。前に入ってまずかったお店に、うっかりまた入ってしまったという経験がある方は、おそらくこのタイプです。**失敗には「きちんと懲りる」よう心がけましょう。**

打席に立つ数を増やすコツ

成功するまで回数を重ね、かつ、そのつど違うやり方を試す。実験は「手を変え品を変え」行うことが肝要です。

そんなときに突き当たりがちなのが、試すための「手」や「品」のネタが尽きてしまうという問題です。出せるアイデアにも仮説にも限界があるのに、打席に立ち続けることなど不可能ではないか、と疑問に思う方もいるでしょう。

そこは心配ご無用。知識のインプットをすれば、問題は即座に解決します。

本や映画、新聞やネットの記事、さまざまな情報が知識のもとになり、新たなアイデアを喚起《かんき》するでしょう。今は便利な時代で、昔なら図書館に足を運ばなければ得られなかった知識も、検索一つで得ることができます。「Ｙａｈｏｏ！知恵袋」などに書き込めば、自分のために誰かのアドバイスを得ることができます。

このように、**人からの意見や情報を得ることはとても有効**です。家族や友人知人にも、ぜひ相談をしましょう。

「今こんな挑戦をしているんだけど、ちょっと手詰まりになっている」と状況を話して、「あなたならどうする？」と聞くと、自分のなかからは出てこない視点をきっと提供してもらえます。

手詰まり以前に、そもそも「何を実験したいかわからない」ときも、人の話を聞きましょう。「最近どんなことに挑戦しているのか」「楽しんでいる趣味は何か」と尋ねると、参考になる答えがきっと集まります。

アイデアが尽きるのは、自分一人の頭で考えようとするからです。今ある知識や経験の範囲内でやろうとすると、実験のスケールも小さなものになります。

自分が持っていない知識、思いつかないアイデアをふんだんに取り込みながら実験しましょう。成功確率も上がりますし、何より、未知のことにたくさん出会える楽しさが、各段にアップします。

学べば実験はいつまでも続く

実験をするときには、本やネットや人から大いに情報を得て知識とすべし、と述べましたが、これは一言で言うと「勉強する」ということです。

「勉強」と言うと、「正解を知るためにするもの」だと思われがちですが、真の勉強はそうではありません。一つの正解ではなく、**「こんな視点もあるのか」ということを知**

ることが勉強です。

知識があればあるほど、人はたくさんのことを試せます。

私も、心の病の治療をするうえで、常に知識を増やしています。もともとは精神分析が専門ですが、ほかの臨床心理学の知識や、認知療法やカウンセリングなどのテクニックも貪欲に学びました。そうするからこそ、患者さんに「手を変え品を変え」アプローチできるのです。「自分は○○先生の学派だから」と一つの方法でしか対応できない医師より、ずっと頼りになる治療ができると思っています。

日本の精神医学界では、特定の学派を学ぶとそれ以外は学ばない傾向が強く、教える側も、横断的な知識を提供できないのが弱点です。

研究者は狭い研究領域をひたすら深掘りしていくものだと思われがちですが、アメリカに留学した際、そうではないことを知りました。臨床に携わる以上、一つの手がダメなら別の手を試せるようにと、視野を広げてもらったのは今でも貴重な体験だったと思っています。

仕事であれプライベートであれ、勉強をしている限り、次なる実験のテーマは必ず降ってきます。

「毎日が実験」と思って生きる人の好奇心は、常に喚起され続けるからです。

その生活は、絶え間ない学びと喜びと、退屈知らずの人生を、私たちにもたらしてくれるでしょう。

50歳から身につけるべき習慣⑩

①前例踏襲をやめ、慣習的に続いている決まり事に疑問を持つ

②みんなが「これが正しい」と言うことや「偉い人」が言うことにも、「本当にそうだろうか？」と疑問を持つ

③逆らってくる部下の話に耳を傾ける

④仕事の「これまでの勝ちパターン」から外れたり、セオリーの逆を試してみたりする

⑤失敗したら、繰り返さないよう分析する

⑥不安などの感情によって判断が歪んでいないか振り返る

⑦「会社の看板がなくなったときの自分は何者か」を考える

⑧行きつけの店ではなく、入ったことのない店で食事をしてみる

⑨読んだことのない著者の本を読んだり、いつもは見ないジャンルの映画を見たりする

⑩自分の感覚を大切にする

本書は月刊『THE21』（PHP研究所）2022年8〜11月号に掲載された連載記事に大幅に加筆・修正をしたものです。

編集協力——林　加愛
図版・イラスト作成——齋藤　稔（G-RAM）

和田秀樹（わだ・ひでき）
精神科医
1960年、大阪府生まれ。東京大学医学部卒業。東京大学医学部附属病院精神神経科助手、米国カール・メニンガー精神医学校国際フェローなどを経て、現在、ルネクリニック東京院院長。30年以上にわたって高齢者医療の現場に携わっている。『80歳の壁』（幻冬舎新書）、『70歳が老化の分かれ道』（詩想社新書）、『六十代と七十代 心と体の整え方』（バジリコ）、『老いの品格』（PHP新書）など、著書多数。

PHP
Business Shinsho

PHPビジネス新書 450

50歳からの「脳のトリセツ」
定年後が楽しくなる！老いない習慣

2022年11月29日　第1版第1刷発行

著　者　和田秀樹
発行者　永田貴之
発行所　株式会社PHP研究所
東京本部　〒135-8137　江東区豊洲5-6-52
ビジネス・教養出版部　☎03-3520-9619（編集）
普及部　☎03-3520-9630（販売）
京都本部　〒601-8411　京都市南区西九条北ノ内町11
PHP INTERFACE　https://www.php.co.jp/
装　幀　齋藤　稔（株式会社ジーラム）
組　版　有限会社エヴリ・シンク
印刷所　株式会社光邦
製本所　東京美術紙工協業組合

ISBN978-4-569-85316-1

「ＰＨＰビジネス新書」発刊にあたって

わからないことがあったら「インターネット」で何でも一発で調べられる時代。本という形でビジネスの知識を提供することに何の意味があるのか……その一つの答えとして「**血の通った実務書**」というコンセプトを提案させていただくのが本シリーズです。

経営知識やスキルといった、誰が語っても同じに思えるものでも、ビジネス界の第一線で活躍する人の語る言葉には、独特の迫力があります。そんな、「**現場を知る人が本音で語る**」知識を、ビジネスのあらゆる分野においてご提供していきたいと思っております。

本シリーズのシンボルマークは、理屈よりも実用性を重んじた古代ローマ人のイメージです。彼らが残した知識のように、本書の内容が永きにわたって皆様のビジネスのお役に立ち続けることを願っております。

二〇〇六年四月

ＰＨＰ研究所

PHPビジネス新書

人事の超プロが教える

会社員　50歳からの生き残り戦略

西尾　太　著

今の「年収」は維持したい！　リストラを避け、必要な人材であり続けるために、必須になるスキルや行動習慣、50代の強味を分析。